23ww Abb.: rh

Reise Know-How im Internet

Aktuelle Reisetipps und Neuigkeiten
Ergänzungen nach Redaktionsschluss
Büchershop und Sonderangebote
Weiterführende Links zu über 100 Ländern

http://www.reise-know-how.de/

Der
Reise Know-How Verlag
Peter Rump GmbH
ist Mitglied der Verlagsgruppe
Reise Know-How

Rainer Höh

Winterwandern

„Dem Manne, der diese Nacht
auf dem Pfad unterwegs ist;
möge ihm der Proviant nie ausgehen,
mögen seine Hunde nicht lahmen,
mögen seine Zündhölzer nie versagen!"
Jack London

022ww Abb.: rh

Impressum

Rainer Höh
Winterwandern
erschienen im
Reise Know-How Verlag Peter Rump GmbH
Osnabrücker Straße 79, 33649 Bielefeld

1. Auflage 2000

Wir freuen uns über Kritik, Kommentare und Verbesserungsvorschläge.

Alle Informationen in diesem Buch sind vom Autor mit größter Sorgfalt gesammelt und vom Lektorat des Verlages gewissenhaft bearbeitet und überprüft worden.

Da inhaltliche und sachliche Fehler nicht ausgeschlossen werden können, erklärt der Verlag, daß alle Angaben im Sinne der Produkthaftung ohne Garantie erfolgen und dass Verlag wie Autor keinerlei Verantwortung und Haftung für inhaltliche und sachliche Fehler übernehmen.

Die Nennung von Firmen und ihren Produkten und ihre Reihenfolge sind als Beispiel ohne Wertung gegenüber anderen anzusehen.

Gestaltung
Umschlag: G. Pawlak, P. Rump (Layout), G. Pawlak (Realisierung)
Inhalt: G. Pawlak (Layout), K. Werner (Realisierung)
Fotos: der Autor

Druck und Bindung
Fuldaer Verlagsagentur

ISBN 3-89416-761-0
Printed in Germany

Dieses Buch ist erhältlich in jeder Buchhandlung der BRD, Österreichs, der Niederlande und der Schweiz. Bitte informieren Sie Ihren Buchhändler über folgende Bezugsadressen:

BRD
Prolit GmbH, Postfach 9, 35461 Fernwald (Annerod)
sowie alle Barsortimente

Schweiz
AVA-buch 2000, Postfach, CH-8910 Affoltern

Österreich
Mohr Morawa Buchvertrieb GmbH
Sulzengasse 2, A-1230 Wien

Niederlande
Nilsson & Lamm BV, Postbus 195, NL-1380 AD Weesp

Wer im Buchhandel trotzdem kein Glück hat, bekommt unsere Bücher direkt bei: **Rump Direktversand,** Heidekampstraße 18, D-49809 Lingen (Ems) oder über den **Büchershop** auf der Homepage: www.reise-know-how.de

Rainer Höh

Winterwandern

Inhalt

Gefahren in Kälte und Schnee

Adressen

Anhang

Exkurse zwischendurch

Vorwort

Sommerzeit ist Wanderzeit – der Winter gehört der Planung. So glauben viele, und noch mehr sind davon überzeugt, wer im Schnee draußen schläft, müsse zwangsläufig erfrieren. Das eine ist so verkehrt wie das andere. Aber wer denkt schon an Wandern, wenn Schnee liegt und eisige Kälte herrscht? Und gar zelten?! Das ist doch nur etwas für Eisbären und Verrückte, für eiserne Burschen und lebensmüde Masochisten. Oder?!

Wer es mit der richtigen Ausrüstung ausprobiert, erlebt den Winter von einer ganz anderen Seite als in der grauen, matschnassen Stadt – als die majestätische und ehrfurchtgebietende Jahreszeit, als das „weiße Schweigen“, als Inbegriff von Stille und Frieden. Wer Augen hat zu sehen, der wird rasch erkennen, dass ein borkiger Kiefernstamm oder dürre Grashalme zu keiner Jahreszeit in solch warmen Farben leuchten wie in der Wintersonne, wenn ringsum Eiskristalle glitzern. Nie ist die Wärme des Lichts und des Feuers tiefer zu spüren, und nie sind die Wälder so friedlich, so feierlich und so still.

Selbst dort, wo sonst die Sommerfrischler lärmen und mit Picknick-Abfällen die Gegend verschandeln, da deckt der Schnee alle Narben zu und hüllt die verlassenen Wälder in heilendes Schweigen. Ja, der Winter ist nicht nur eine eigene Jahreszeit, sondern buchstäblich eine eigene Welt. Nicht umsonst redet man von einer „Winterwelt“, nicht aber von einer „Sommer-“ oder „Herbstwelt“. Der Winter ist die verzauberte Welt der Wandlungen, der fließenden Farben, Formen und Gestalten – ähnlich der Nebelwelt, aber doch zugleich klar und scharf.

Man darf natürlich keinen Augenblick vergessen, dass der Winter auch erbarmungslos nüchtern sein kann. Der Winter verlangt höchsten Respekt und einen klaren Kopf! Je kälter es wird, desto gefährlicher wird jeder Fehler. Das Richtige muss auf Anhieb getan werden und es muss beim ersten Mal klappen. Starker Frost lässt keine Zeit für Versuch-und-Irrtum.

Beide Aspekte muss man im Auge behalten, um den Winter wahrhaft zu erleben - und zu überleben. Dafür hat man zwei Augen: eins für die unwirkliche Schönheit, das andere für die harsche Wirklichkeit. Anstatt irrationale Ängste zu hegen, gilt es, die realen Risiken zu kennen und ihnen mit guter Ausrüstung und richtigem Handeln zu begegnen. Dann ist die winterliche Natur nicht gefährlicher als winterliche Straßen. Der Körper passt sich verblüffend schnell an, und rasch wird man –10 oder –20 °C gar nicht mehr als so kalt empfinden, denn am Tag hat man Bewegung und nachts - hoffentlich! - einen guten Schlafsack. Sicher kann es gelegentlich auch „ungemütlich" werden, aber mit richtiger Ausrüstung sind -20 °C oft angenehmer und „weniger kalt" als einige Plusgrade bei Regen und Sturm.

Was richtige Ausrüstung ist und womit Sie zu rechnen haben, darüber informiert dieses Buch. Sammeln Sie erste Erfahrungen auf kürzeren Touren im Nahbereich, ehe Sie im Nordland den „Eisriesen" begegnen. Warum nicht einmal eine mehrtägige Winterwanderung im nächsten Mittelgebirge unternehmen und draußen im Schnee übernachten?! Wenn Sie nicht vorher schon stark ausgekühlt sind, dann werden Sie nicht im Schlaf erfrieren - das garantiere ich Ihnen.

Winterwandern erschließt eine neue, zauberhafte Welt und Sie können die Saison rund ums Jahr ausdehnen. Sie werden begeistert sein. Brechen Sie auf und wagen Sie das Neue: *winterwandern* Sie.

Ich wünsche Ihnen viel Freude dabei!

Rainer Höh

001ww Abb.: rh

Winter-ausrüstung

Die Ausrüstung für Wintertouren kann nicht sorgfältig genug ausgewählt werden, da unter Umständen Gesundheit und Leben von ihr abhängen. Was sich unterwegs als ungeeignet erweist oder unbrauchbar wird, lässt sich nicht sofort ersetzen.

Wer nur kürzere Touren im nahen Mittelgebirge plant, der muss nicht unbedingt die teuerste Ausrüstung kaufen. Wer hingegen anspruchsvolle Unternehmungen im Nordland vorhat, der sollte stets die beste Ausrüstung wählen – auch wenn sie teuer ist. Oft macht sich der höhere Preis schon durch die längere Lebensdauer (vielleicht nicht nur!) der Ausrüstung bezahlt. Andererseits darf man keinesfalls glauben, High-Tech-Ausrüstung allein garantiere Sicherheit. Auch das beste Material kann fehlende Erfahrung nicht ersetzen. Und es gibt eine Reihe von Faktoren, die für die Sicherheit unterwegs noch wichtiger sind.

Welchen Kriterien muss die Ausrüstung genügen?

Die Ausrüstung muss:

- **leicht** (Im Winter hat man immer mehr Gepäck als im Sommer.),
- **platzsparend** (Der Stauraum nicht nur im Rucksack ist begrenzt.),
- **haltbar** (Das Material ist starker Beanspruchung ausgesetzt.),
- **leicht zu reparieren** (d.h. mit einfachen Hilfsmitteln und ohne großen Aufwand),
- **einfach zu handhaben** (auch mit klammen Fingern, Handschuhen etc.),
- **einfach konstruiert sein** (je weniger kompliziert, desto weniger störanfällig),
- **wenig Nässe aufnehmen und schnell trocknen** (Unterkühlung, Erfrierungen, Gewicht).

Winterkleidung

Einleitung

„Schlechtes Wetter gibt es nicht - nur falsche Bekleidung", lautet eine alte Trekker-Weisheit. Was aber ist richtige Bekleidung und was muss sie leisten? Im Grunde nur eins: Sie muss die **Kerntemperatur des Körpers** auf konstanten 37 °C halten. Mehr nicht! Leider ist das gar nicht so einfach. Zu unterschiedlich und gegensätzlich sind die Bedingungen. Kälte, Regen, Schnee und Sturm wechseln von außen – und auch der Körper verhält sich sehr unterschiedlich: Beim Wandern mit Gepäck gibt er etwa 300-400 Watt Wärme ab und ein bis zwei Liter Schweiß pro Stunde; beim Rasten „heizt" er nur noch mit etwa 150 Watt. Einmal schreit er nach Wärme, und im nächsten Moment muss er gekühlt werden (auch im Winter!). Wärme und Feuchtigkeit müssen nach draußen gelangen, aber gleichzeitig dürfen Nässe und Kälte von außen nicht eindringen.

Ein Ding der Unmöglichkeit, will man meinen. Moderne Funktionsbekleidung leistet zwar Erstaunliches, aber Wunder bewirken kann auch sie nicht. Um den „Wundern" jedoch so nahe wie möglich zu kommen, hat sich schon lange das **Schichtsystem** (s.u.) durchgesetzt, mit dem man die Bekleidung flexibel den Bedingungen anpassen kann.

Wärmeverlust

Der **Körper verliert Wärme auf vier Arten,** denen die Bekleidung auf unterschiedliche Weise begegnen muss:

1. Strahlung

Alles was wärmer ist als seine Umgebung, strahlt Wärme ab. Der ungeschützte Körper würde selbst bei mäßiger Kälte weit schneller Energie verlieren, als er sie produzieren kann. Diesen Verlust kann schon eine dünne Kleidungsschicht vermeiden. Die Strahlung wird darin in Luftwärme umgewandelt, und diese muss durch eine Isolierung festgehalten werden. Aber unbedeckte Hände, Nacken und Gesicht können so viel Wärme abstrahlen, dass der gesamte Körper ausgekühlt wird (selbst wenn man sonst warm angezogen ist).

2. Konvektion (Luftaustausch)

Konvektion bedeutet, dass aufgewärmte Luft durch kalte Außenluft verdrängt wird. Die abgegebene Wärme muss daher zwischen der Haut und der äußeren Kleidungsschicht festgehalten werden. Dazu braucht man 1. eine mittlere Lage, die viel Luft speichert, und 2. eine dichte Außenschicht, die diese Luft nicht entweichen lässt. Bei völliger Windstille kann die Isolierschicht allein genügen. Aber selbst ein leichter Luftzug durchdringt sie und verdrängt die warme Luft. Drastische Auswirkungen hat der ↗Wind Chill Faktor (s. Kapitel Unterkühlung).

Wind Chill Faktor: *Auskühlfaktor. Temperatur bei Windstille, bei der der Körper gleich schnell auskühlt wie bei tatsächlicher Temperatur und Windstärke.*

3. Verdunstung

Verdunstung ist das Prinzip, nach dem ein Kühlschrank funktioniert – also schwerlich das, was man bei kaltem Wetter gebrauchen kann. Bei anstrengender Aktivität hingegen muss man sie nutzen (Schweißverdunstung), um Überhitzung zu vermeiden. „Um nicht zu frieren, ist es wichtig, dass man wenig schwitzt“, heißt es. Das allerdings kann auch das beste Hightech-Material nicht verhindern. Bei Anstrengung produziert der Körper zwangsläufig Schweiß, um seine Temperatur zu regulieren. Daran ändert keine Wäsche der Welt etwas. Aber sobald man eine Pause einlegt, geht die Wärmeproduktion um mehr als 50 % zurück – und wenn dann die Feuchtigkeit noch in den Kleidern sitzt, kühlt sie weiter, und man beginnt zu frieren. Deshalb soll die Kleidung Feuchtigkeit nicht speichern, sondern rasch nach außen ableiten.

Das können gute Materialien leisten, aber nur bis zu einem gewissen Maß. Dann muss man selbst dafür sorgen, dass nicht mehr Schweiß produziert wird, als abgeleitet werden kann.

Also: nicht möglichst viel anziehen, sondern nur so viel wie nötig!

- 10-15 Minuten nach Abmarsch, wenn der Körper „Betriebstemperatur" erreicht hat (aber bevor man schwitzt!), kurz anhalten, um die **Jacke oder Isolierschicht abzulegen**
- Unterwegs je nach Grad der Anstrengung die **Luftzufuhr regulieren;** so schlägt man zwei Fliegen mit einer Klappe: die Kühlung reduziert die Schweißbildung und Ventilation lässt den Schweiß entweichen. Also gegebenenfalls: Handschuhe ausziehen; Kapuze abnehmen; Ohrenklappen hochschlagen oder Kopfbedeckung abnehmen; Jacke, Kragen, Ärmelbündchen, Reißverschlüsse öffnen; bei Überhosen Seiten-Reißverschlüsse öffnen.

Kleidung trocknen

Wenn doch etwas feucht wird, nutzt man jede Gelegenheit, um seine Kleidung zu trocknen, z.B.:

- *Unterwegs außen auf den Rucksack hängen.*
- *Im Camp jedes Stück einzeln und mit genügend Abstand zueinander aufhängen.*
- *Nicht zu nahe ans Feuer (Kunstfasern sind sehr empfindlich gegen Funken).*
- *Nicht zu nahe an den Kochtopf, wenn er dampft.*
- *Kleider nur im Schlafsack trocknen, wenn man nachts nicht friert und ihn am nächsten Morgen lüften kann (am besten nur im Kunstfaserschlafsack).*

Bei starkem Frost fällt auch die **Verdunstung** der **Atemfeuchtigkeit** ins Gewicht. Kalte Luft nimmt kaum Wasser auf und ist daher sehr trocken. Beim Einatmen erwärmt, nimmt sie Feuchtigkeit aus der Lunge auf (große Oberfläche!), die dann beim Ausatmen kondensiert (sichtbarer Atem). Allein dadurch kann bis zu 10 % der gesamten Wärmeproduktion des Körpers verlorengehen! Als Schutz kann man Mund und Nase mit einem Schal aus Fleece oder Wolle bedecken. Die Atemluft wird darin vorgewärmt und angefeuchtet, so dass die Verdunstung stark verringert wird.

4. Konduktion (Ableitung)

Berührt man Gegenstände, so wird die Wärme von der Haut abgeleitet. Jedes Material hat eine spezifische Wärmeleitfähigkeit, und die Unterschiede sind enorm. Die von Metallen ist z.B. besonders hoch, so dass man an sehr kalten Tagen bei der leisesten Berührung sofort an Metallteilen festfrieren kann. Auch Steine und der Erdboden haben eine hohe Leitfähigkeit. Eine besonders geringe Wärmeleitfähigkeit hingegen hat Luft, weshalb sie der ideale Isolator ist. Die Leitfähigkeit von Wasser ist fast 25mal höher als die von Luft! Das ist – neben der Verdunstung (s.o.) – der wesentliche Grund, warum man in nassen Kleidern so viel schneller friert.

Schichtsystem der Bekleidung

Detaillierte Infos über Materialien, Beschichtungen etc. finden Sie in meinen Büchern „Outdoor Praxis" (ISBN 3-89416-629-0) und „Wildnis-Ausrüstung" (ISBN 3-89416-750-5)

Das Schichtsystem oder „Zwiebelprinzip" nutzt die Erkenntnis, dass mehrere dünne Schichten vorteilhafter sind als eine dicke. So kann man die Kleidung jederzeit wechselnden Bedingungen und Aktivitäten anpassen und Materialien kombinieren, die in einem einzelnen Kleidungsstück nicht wirksam verbunden werden könnten. Die optimale Verbindung von Wasser- und Winddichtheit, Isolierung, Nässeableitung und Dampfdurchlässigkeit lässt sich nur erzielen, wenn man die verschiedenen Schichten richtig kombiniert. Jede hat ihre eigene Funktion, ergänzt sich mit den anderen Schichten und unterstützt deren Wirksamkeit.

Schicht 1 – Feuchtigkeitsableitung

Diese Schicht muss den Körper trocken halten, das heißt: Schweiß absaugen und nach außen leiten. Die Fasern selbst dürfen keine Nässe aufnehmen. Dafür gut geeignet sind **synthetische Materialien** wie Polyester, Polypropylen oder Polyacryl.

Unter den **Naturfasern** sind Seide und Wolle am besten, werden aber von den modernen Kunstfasern übertroffen.

Baumwolle ist bei kaltem Wetter ungeeignet.

Unterwäsche

Sie soll **am Körper anliegen,** aber nicht einengen, was durch die Elastizität synthetischer Materialien ermöglicht wird. Anliegende Wäsche hat den Vorteil, dass sie keine Falten bildet, Nässe rascher absaugt und besser warm hält. Die **Nähte** – besonders im Schulterbereich – sollten flachgenäht sein (außen und innen sichtbar), um Druckstellen durch die Rucksackgurte zu vermeiden. Ein **Rollkragen** mit Reißverschluß schützt den Hals und bietet gute Ventilation.

Salze in der Wäsche

Mit dem Schweiß werden auch Salze abgegeben, die rund 300 % ihres Eigengewichtes an Wasser speichern können, so dass selbst gute Unterwäsche nach längerem Tragen etwas an Leistungsfähigkeit verliert. Da sie jedoch extrem schnell trocknet, kann man Kunstfaserwäsche auch unterwegs gelegentlich waschen.

Socken

Socken müssen faltenfrei sitzen, ohne einzuengen, formstabil sein, schnell trocknen und die Füße warm und trocken halten. Letzteres ist gar nicht so einfach, da die Stiefel oft Feuchtigkeit schlecht entweichen lassen. Feuchte Socken verursachen jedoch Blasen. Um das Problem zu lösen, werden viele Trekking-Socken aus **zwei unterschiedlichen La-**

gen hergestellt: feuchtigkeitsabsaugende Synthetikfasern innen und außen Acryl- oder Naturfasern als Nässespeicher („Pampers Prinzip"). So bleibt der Fuß so lange trocken, bis der „Speicher" voll ist. Dann muss man die Socken wechseln und trocknen. Dickere Socken mit guten Polsterzonen schützen den Fuß, trocknen aber langsamer. Die Polsterung darf nicht zu grob sein, um Scheuerstellen zu vermeiden.

Sockentipps

- *Die Füße werden am besten geschont, wenn man unter den Trekkingsocken dünnere Socken trägt. Das reduziert die Reibung zwischen Haut und Socken. Die Kombination darf aber keinesfalls so dick sein, dass sie einengt.*
- *Socken unterwegs bei jeder Gelegenheit trocknen (u.U. auch im Schlafsack) und ab und zu waschen, um ihre Leistungsfähigkeit zu erhalten.*

Kopfbedeckung

Am besten ist eine **Mütze** aus Wolle oder WindStopper Fleece mit Ohrenklappen, die man nach oben umschlagen und fixieren kann. Ein Schirm schützt die Augen vor Schnee und Sonne. Bei extremerer Kälte ist eine **Balaclava** (Sturmhaube) zu empfehlen, die den gesamten Kopf-, Nacken- und Halsbereich schützt und nur das Gesicht offen lässt. Bei Bedarf kann sie ebenfalls nach oben gerollt werden.

Anstelle eines **Schals** eignet sich ein **Fleece-Nackenschutz,** der Wind und Schnee abhält, gut wärmt und rasch trocknet.

Handschuhe

Handschuhe aus **WindStopper Fleece** können sehr dünn und trotzdem warm und winddicht sein. Wichtig ist, dass sie am Gelenk eng anliegen und lange Stulpen haben, die unter die Jackenärmel passen. Handfläche und Innenseite der Finger sollten am besten mit einem robusten und griffigen Material verstärkt sein.

Noch dünner, leichter und anschmiegsam wie eine zweite Haut sind z.B. die **Competition Hand-**

schuhe von Ajungilak mit Grifffläche aus rauem Kunstleder, die kaum zu spüren sind und doch erstaunlich guten Schutz bieten.

Für extreme Kälte gibt es **isolierte Fäustlinge** aus winddichtem oder wasserdicht/dampfdurchlässigem Material. Mit einer kurzen Kordel an den Jackenärmeln befestigt, kann man sie jederzeit abstreifen und hat sie rasch zur Hand. Bestens bewährt haben sich z.B. die Mountain Mitts mit Innenhandschuh aus flauschiger Wolle und perfektem Abschluss an Gelenk und Stulpe (Bezugsquelle: Ajungilak).

Kauftipp Fleece Jacket
Mein Favorit ist das sehr warme und leichte Kompakt Fleece Jacket von Ajungilak aus flauschigem und elastischem Polartec 200 Powerstretch Fleece.

Schicht 2 – Isolierung

Die Hauptaufgabe dieser Schicht ist die Isolierung. Außerdem soll sie Schweiß nach außen weiterleiten und auf die Außenbekleidung verteilen. Diese Aufgaben sind heute ganz und gar die Domäne der Fleecebekleidung.

Fleece testen
Gutes Fleece ist daran zu erkennen, dass es sehr dicht ist. Wenn man mit dem Finger von hinten dagegen drückt, darf man nicht bis auf das Trägermaterial sehen – und schon gar nicht bis auf den Finger. Das Fleece sollte nicht zusammen mit anderen Materialien verarbeitet sein, die ungünstigere Eigenschaften haben. Vor allem Hersteller, die mehr auf modischen Look achten, schmücken ihre Produkte gern mit unnötigen Verzierungen.

Fleece wird in unterschiedlichen Materialstärken und Qualitäten angeboten, gemischt mit elastischem Stretchmaterial oder kombiniert mit winddichten Membranen (WindStopper). Extrem feines Microfaser-Fleece eignet sich auch für extra-warme Unterwäsche. Und Kleidung aus WindStopper Fleece kann sogar als Außenschicht getragen werden, solange es nicht regnet. Für Pullover ist ein Rollkragen mit langem Reißverschluß vorteilhaft, der Schutz und Ventilation kombiniert.

Schicht 3 – Wind- und Nässeschutz

Da die ersten beiden Schichten luftdurchlässig sein müssen, erfordern sie eine winddichte Außenhülle. Sonst ist die Isolierung wirkungslos. Je nach Wetter eignen sich hierfür zwei Arten von Kleidung, die man alternativ oder übereinander tragen kann.

Hemd und Hose

Bei trockenem Wetter, mäßigem Wind oder bei leichtem Regen sind weder Beschichtung noch Membran erforderlich. Jacke und Hose aus dicht gewobenem, imprägniertem Material sind dampfdurchlässiger als bestes XY-Tex und halten dennoch Wind und Nieselregen ab. Diese Kleidung ist wenig elastisch und muss daher weit geschnitten sein (Ausnahme: Hosen aus Stretchmaterial, die enger anliegen dürfen). Außerdem muss das Material Abrieb und Dornen standhalten.

Ungeeignet: Jeans
Denkbar ungeeignet sind Jeans oder gar Bundeswehrhosen. Sie wiegen so viel wie ein halbes Dutzend guter Trekkinghosen, sind weniger robust, werden rasch nass und bleiben es bis zum Ende der Tour. Nass sind sie noch schwerer und kühlen den Körper aus.

Gute Eigenschaften kombiniert eine Mischung aus **Baumwolle und Polyester**. Meist wird Außenbekleidung heute ganz aus **Kunstfasern** (z.B. Nylon) hergestellt, ohne an Tragekomfort zu verlieren. Vorteilhaft sind **Microfasergewebe**, die leicht, robust, wasserabweisend und winddicht sind. Hemden aus Wolle oder Fleece sind ebenfalls gut geeignet, aber winddurchlässig und gehören daher zur zweiten Schicht.

Wetterjacke und -hose

Bei **extremem Wetter** (Sturm, Regen, Schneetreiben) sind Imprägnierungen und Microfasergewebe überfordert. Dann ist wasserdichte Kleidung unerlässlich – am besten wasserdicht, aber dampfdurchlässig (= XY-Tex), da man sonst im eigenen Saft schmort. Diese Schicht wird oft über Hemd und Hose getragen. Man kann sie aber auch direkt über langer Unterwäsche oder Fleecekleidung tragen, um bessere Dampfdurchlässigkeit zu erreichen.

Ein **Poncho** war früher ein guter Kompromiß, um Regenschutz und Ventilation zu kombinieren. Mikroporöse Funktionsbekleidung hat ihn inzwischen aus dem Rennen geworfen. Sein entscheidender Nachteil: Bei Wind behindert das ewig flatternde Zeug die Bewegungsfreiheit. Ein wesentlicher Vorteil ist jedoch seine Vielseitigkeit: als Windschutz, Notzelt, Bodenplane, Schlafsackhülle, Abdeckung, etc. leistet er gute Dienste.

Zusatzschicht bei extremer Kälte

Solange man aktiv ist, sind die bisher beschriebenen Schichten meist völlig ausreichend (nicht zuviel anziehen!). Bei Pausen und im Camp wird man jedoch zusätzliche Isolierung benötigen. Oft genügt eine zweite Fleeceschicht. Bei extremer Kälte kann **Thermokleidung** mit Daunen- oder Kunstfaserfüllung (s. Schlafsack) erforderlich sein. Meist ist deren Außenmaterial winddicht, so dass man sie als äußere Lage tragen kann. Nur bei extremer Witterung muss man sie unter der dritten Schicht tragen.

Thermo-Weste
Auch bei weniger extremen Unternehmungen benutze ich sehr gerne eine Weste mit Daunen- oder Kunstfaserfüllung. Sie ist leicht und klein verpackbar, hält gut warm, kann sowohl unter der Jacke als auch außen getragen werden, und vor allem lässt sie den Armen viel Bewegungsfreiheit.

Kleidungsdetails an Jacken und Hosen

- **Kapuze:** Weiter Schnitt, damit auch eine Mütze darunter passt oder ein Kletterhelm. Das Volumen sollte regulierbar sein, so dass die Kapuze anliegt und die Kopfbewegungen mitmacht – sonst blickt man bei „Seitenblicken“ in die Röhre. Ein verstärkter Schild verbessert zusätzlich den Wetterschutz.

• **Kinnschutz:** Damit der Reißverschluß nicht auf der Haut scheuert, besitzen gute Jacken einen Kinnschutz aus weichem Material; bei manchen sind zudem die Enden der Zugkordeln fixierbar, damit sie bei Wind nicht ins Gesicht peitschen.

Kapuze fixieren

Um bei nicht oder schlecht anliegender Kapuze die Sichtfreiheit zu verbessern, kann man einfach eine Art Stirnband darüber tragen. Die Wirkung ist beeindruckend.

• **Bündchen:** Weiter Schnitt (am besten mit Keileinsatz) für gute Ventilation und um über dicke Fäustlinge zu passen. Sie müssen aber auch mit einer Klettfixierung eng verschließbar sein. Darauf achten, dass das Außenmaterial ein Stück nach innen reicht, damit Nässe nicht durch das Futter hineingesaugt wird.

• **Knöchelbündchen** an Überhosen müssen besonders weit und lang zu öffnen sein, damit man die Hose überziehen kann, ohne die Stiefel ausziehen zu müssen; am besten sind durchgehende 2-Weg-Seiten-Reißverschlüsse.

• **Unterarm-Reißverschlüsse** verbessern die Ventilation. Je länger sie sind, desto effektiver. Um ihren Zweck zu erfüllen, müssen sie in geöffnetem Zustand auch wirklich offen bleiben (z.B. durch eine Klettfixierung).

• **Taschen** sollten frei eingehängt sein (ohne nach außen durchgehende Nähte) und eine gut überlappende Abdeckung besitzen. Sehr vorteilhaft ist eine **Napoleontasche** mit senkrechter Öffnung unter der Reißverschluß-Abdeckung, die von außen zugänglich ist (sie muss geräumig sein und einen langen Reißverschluß haben). Hoch angesetzte Außentaschen sind auch mit Rucksack zugänglich. **Handwärmtaschen** sollten schräg angesetzt sein.

• **Reißverschlüsse** müssen durch breite Abdeckleisten mit Druckknopf- oder Klettverschluß geschützt sein. Besonders an der Frontöffnung sind 2-Weg-Reißverschlüsse hilfreich, um die Ventilation zu regulieren.
• **Ärmel bzw. Beine** sollten körpergerecht geschnitten sein, am besten mit vorgeformtem Ellbogen-/Kniewinkel (besonders für Skifahrer). Das ist aufwendiger, bietet aber mehr Bewegungsfreiheit und guten Sitz.
• **Elastische Züge** in Saum und an der Taille (bei der Hose am Bund) halten die Kleidungsstücke in Form und verhindern das Eindringen von Wind, Kälte und Schnee. Sie sollten mit einem Stopper (Tanka) regulierbar sein.

002ww Abb.: rh

Wer einen Schlitten und 12 Huskies hat, braucht nicht mit jedem Gramm zu geizen.

Schuhwerk

Allgemeine Anforderungen

Für die meisten Winterwanderungen werden Sie die gleichen Stiefel verwenden können wie im Sommer. Falls Sie neue kaufen, dann richtet sich die Entscheidung vor allem nach den zu erwartenden Schneeverhältnissen (Nass- oder Trockenschnee, Schneetiefe) und Temperaturen. Wichtig sind eine **griffige Profilsohle** und ggf. die Möglichkeit, **Steigeisen oder Ski zu befestigen.**

Schwere Kloben zu fünf Pfund das Stück müssen es auch im Winter nicht sein. Die Füße warm zu halten ist – außer bei extremer Kälte – vor allem die Aufgabe der Socken. Die Stiefel müssen aber groß genug sind, um auch **für zwei Paar Socken Platz** zu bieten, ohne die Durchblutung der Zehen zu beeinträchtigen.

Wasserdicht oder nicht?

Schon bei kurzen Strecken durch Nassschnee bekommt man in Cordura- oder schlecht verarbeiteten Lederstiefeln nasse Füße. Die Haut weicht auf und neigt zu Blasen. Deshalb ist es wichtig, dass die Stiefel Wasser von außen abhalten. Kräftig **gefettetes Leder** ist zwar weitgehend dicht, lässt aber auch kaum Nässe von innen entweichen. Wenn man die Stiefel nachts nicht trocknen kann, gibt es dann rasch Probleme.

Besser sind „offen“ **hydrophobierte Schuhe,** die nicht eingefettet werden dürfen. Dieses Leder ist dauerhaft wasserabweisend imprägniert, ohne dass die Nässeableitung wesentlich beeinträchtigt wird. Zudem trocknet es schneller als normales Leder.

Um wasserdicht zu sein, werden auch Stiefel mit **wasserdicht/dampfdurchlässiger Membran** (z.B.

GoreTex) ausgestattet. Solche Stiefel sind für Touren durch Nassschnee zu empfehlen. Wichtig ist, dass die Membran nur am Rand oder punktförmig geklebt ist, da sie sonst ihre Durchlässigkeit weitgehend verliert. Das Außenmaterial muss trotzdem gut imprägniert sein, da nasses Leder wenig Schweiß entweichen lässt. Eine gute Lösung sind Stiefel, bei denen sich die Membran in einem Innenschuh befindet, der zum Trocknen herausgenommen werden kann (z.B. Scarpa „Chamäleon").

Schuhtypen

Bergstiefel

Für anspruchsvolle Alpintouren über Fels und Eis trägt man entweder zwiegenähte Lederstiefel mit sehr steifer, steigeisenfester Sohle, griffigem Stollenprofil und festen Kappen oder für extreme Zwecke auch spezielle Schalenstiefel aus Kunststoff. Sie sind schwerer und klobiger als Wanderstiefel und daher für gewöhnliche Winterwanderungen nicht zu empfehlen.

Wander-/Trekkingstiefel

Ein gutes Paar dieser Kategorie wird für die meisten Wintertouren vollkommen ausreichen: einfache Stiefel bei trockenem Schnee, hydrophobierte (Nubuk) **Lederstiefel** für feuchtere Verhältnisse und **Membran-Stiefel**, wenn mit viel Nassschnee zu rechnen ist.

Nordlandstiefel

Als Alternative zu Membran-Stiefeln kann man bei Nassschnee auch Nordlandstiefel mit hohem Schnürschaft tragen, die bis zum unteren Ansatz der Schnürung gummiert sind. Oft sind diese Modelle zudem besonders gut isoliert.

Kältestiefel

Für extreme Kälte gibt es **Schalenstiefel** mit isolierendem Innenschuh, die hauptsächlich im Hochgebirge eingesetzt werden.

In Kanada und Alaska benutzt man im Winter **Snowpacks** oder **Mukkluks** mit einer dicken Gummisohle, die gut gegen Bodenkälte isoliert und über die Fersen- und Zehenkappe reicht. Das Oberteil besteht aus leichtem Gewebe, reicht bis unter das Knie und wird geschnürt. Innen drin stecken extradicke Wollfilz-Übersocken, die man zum Trocknen herausnehmen kann. Solche Stiefel sind nur für Frostwetter geeignet, da sie sonst schnell durchnässt werden.

Kauftipp Gamaschen

Ich benutze gern die Osterdalsokk-Gamaschen von Lill-Sport aus imprägnierter Baumwolle, die besonders atmungsaktiv sind. Da sie keinen Seiten-Reißverschluss besitzen, sind sie etwas mühsam über die Stiefel zu ziehen, aber dafür sehr leicht und rundum dicht (Bezugsquelle: Ajungilak).

Gamaschen

Gamaschen sind gerade im Winter eine wichtige Ergänzung: Sie schließen den Spalt zwischen Bein und Schaft, durch den sonst Schnee und Nässe eindringen, und sie schützen die Waden gegen Nässe, Wind und Kälte.

Rucksack

Allgemeine Anforderungen

Wenn er noch etwas **Platzreserve** bietet (Winterausrüstung ist umfangreicher), kann man im Winter den gleichen Rucksack benutzen wie im Sommer. Für Skitouren ist besonders darauf zu achten, dass er stabil sitzt, um das Gleichgewicht nicht zu gefährden, und dass er die **Stockarbeit nicht behindert.** Außerdem sollte er **außen Befestigungen** für Schneeschuhe, Ski o.ä. haben.

Folgende Anforderungen sollte jeder Rucksack erfüllen:

- Er muss die **Last optimal verteilen** und direkt auf das Skelett übertragen.
- Das **Tragesystem** muss die richtige Größe haben - und richtig eingestellt sein!
- **Körpergerechter Schnitt** und richtige **Polsterung** von Tragegurten, Hüftgurt und Rückenauflage.
- **Gute Lastkontrolle,** d.h., der Rucksack darf nicht pendeln.
- **Maximale Bewegungsfreiheit** (besonders in schwierigem Gelände, auf Skitouren u.ä.).
- **Robustes Material** mit wasserdichter Beschichtung (auch wenn kein Rucksack absolut wasserdicht sein kann).
- **Solide Verarbeitung** von Nähten, Aufhängungen etc. und robuste Reißverschlüsse, Schnallen, Riemen usw.
- Alle **Öffnungen und Reißverschlüsse** sollten durch große Deckel oder Abdeckstreifen geschützt sein.
- Für Lasten über 10 Kilo ein **Gestell** (ab 15-20 kg ein gutes Innengestell; ab 25 kg am besten ein Außengestell).

Rucksackmodelle

Daypack (Tagesrucksack)

Für Tagestouren genügt ein größerer Daypack (ca. 30 Liter Volumen), der auch Platz für Fleecepullover, Daunenweste, Handschuhe etc. bietet. Das Angebot reicht von labberigen Billigteilen bis zu ausgeklügelten High-Tech-Modellen. Für Lasten von etwa 5-8 kg brauchen Daypacks weder ein Tragegestell noch einen Hüftgurt. Ein ungepolsterter Bauchgurt (der keine Last übernehmen soll!) sorgt für stabileren Sitz.

Trekkingrucksack mit Innengestell

Für die meisten Touren eignet sich ein Modell dieser Kategorie mit integriertem Tragegestell, einem Volumen von 50-70 Litern (Expeditionsmodelle 80-115 Liter) und gutem Tragesystem. Die Integrierten haben den Außengestell-Rucksäkken längst den Rang abgelaufen, und die besseren Modelle kann man durchaus als Expeditionsrucksäcke bezeichnen.

Preiswert und gut

Vergleiche haben gezeigt, dass für Lasten von 15-18 kg Trekkingrucksäcke der mittleren Preislage (DM 200-250) kaum hinter den teuren Spitzenmodellen zurückstehen. Spürbare Unterschiede zeigten sich erst in der Preisgruppe unter DM 150. Die teuren Modelle ab DM 300 aufwärts spielen ihre Vorzüge erst bei schwereren Lasten oder unter extremen Verhältnissen aus, bei denen Mittelklasse-Modelle nicht mehr mithalten können. Für die meisten Wanderungen ist ein Modell der mittleren Preislage ausreichend.

An die Stelle des sperrigen Außengestells treten hier (meist zwei) anatomisch vorgeformte Aluminium-Schienen, die in Stoffkanälen an der Rückenseite des Packs verlaufen. Meist können sie herausgenommen und individuell angepaßt werden. So erhält man kompaktere und leichtere Rucksäcke, die enger am Körper anliegen, besser kontrollierbar sind und viel Ellbogenfreiheit bieten. Mit Modellen der Spitzenklasse kann man heute selbst Lasten bis zu 30 Kilo transportieren. Integrierte sind die großen Allrounder, die je nach Größe und Qualität nahezu für alle Touren eingesetzt werden können.

Außengestell-Rucksäcke

Für extremere Touren und sehr schwere Lasten haben Außengestell-Modelle (Traggestell-, Gestell- oder Kraxenrucksäcke) ihre Vorzüge, sofern sie die Stockarbeit nicht behindern. Hinsichtlich der Lastübertragung und Rückenventilation sind sie nach wie vor unübertroffen. In Verbindung mit geeigneten Packsäcken kann man den Schwerpunkt sehr hoch legen und bei Bedarf auch rasch verändern.

Außerdem kann man den Packsack abnehmen und auf dem Traggestell alles Mögliche transportieren: Tonnen, Kisten, Brennholz etc.

Ein **fest angebrachter Hüftgurt** bindet den Körper in den starren Rahmen ein und behindert den Bewegungsablauf. Dieser Mangel wird durch das **Gyro-Prinzip** behoben, bei dem der Hüftgurt frei beweglich eingehängt ist. So kann sich das Becken mitsamt dem Hüftgurt ungehindert bewegen (sogar besser als bei vielen Innengestell-Modellen), die Last bleibt stabil und die Lastübertragung auf Becken und Beine ist ausgezeichnet. Für schwere Lasten (ab 25 kg) und raues Terrain sind solche Tragegestelle nach wie vor das beste, was es gibt.

Tipps zum Rucksackpacken

- *Nicht zuviel einpacken!*
- *Möglichst wenig außen auf den Rucksack packen, wo es ungeschützt ist und sich in Sträuchern verhaken kann*
- *Alles zunächst in farbige Nylonbeutel verstauen - dann ist es leichter zu finden und gegen Nässe geschützt.*
- *Schwere Gegenstände hoch und dicht am Körper tragen, leichte tiefer und weiter vom Körper entfernt.*
- *In steilem Gelände, für Skitouren etc. den Schwerpunkt nicht zu hoch legen, um die Balance nicht zu gefährden.*
- *Gegenstände mit harten Ecken und Kanten so verstauen, dass sie nicht am Packsack scheuern.*
- *Die Isomatte wird meist außen auf den Rucksack geschnallt, wo sie nass werden kann; in große Packsäcke kann man sie von oben als weite, offene Röhre hineinschieben und alles andere innen darin verstauen.*
- *Kleinkram und Dinge, die unterwegs rasch griffbereit sein sollen, kommen in Außentaschen bzw. Deckelfächer.*
- *Sperrige Gegenstände werden außen befestigt (z.B. Gestänge, Stöcke, Ski)*
- *Kompressionsriemen straffen, um die Last an den Körper heranzuziehen und zu fixieren.*

Tipps zum Gewichtsparen

Jedes Kilo, das Sie weniger schleppen, wird die Tour angenehmer und zu einem größeren Erlebnis machen. Bei einer Gepäckschlepperei will man nur noch ans Ziel kommen und kann nicht mehr „unbeschwert" die Landschaft genießen. Ideal ist eine Obergrenze von 15-20 kg. Reduzieren Sie rigoros! Und machen Sie einmal eine Tour mit Minimalgepäck, dann werden Sie staunen, auf was man alles verzichten kann.

- *Nicht zuviel Kleidung zum Wechseln.*
- *Nur Trockennahrung - keine Konserven oder Gläser.*
- *Leichtgewicht-Ausrüstung und -Kleidung (leider teuer).*
- *Materialien, die wenig Wasser aufnehmen und rasch trocknen. Nasse Ausrüstung erhöht das Gewicht enorm!*
- *Gruppenausrüstung nur einmal mitnehmen (Kompass, Lampe, Landkarten, Kocher, Töpfe etc.)*
- *Nicht zuviel Wasser tragen - meist kann man den Bedarf im Camp decken oder Schnee schmelzen.*
- *Vorab informieren, wo man unterwegs Lebensmittel und Brennstoff bekommt und nicht zuviel bunkern.*
- *Streichen Sie nach der Tour überflüssige Gegenstände aus Ihrer Checkliste für die nächste Tour.*

003ww Abb: rh

Biwak im Freien

Schlafsack und Isomatte

Gerade im Winter ist ein guter Schlafsack extrem wichtig, um erholsam zu schlafen. Es gibt kaum etwas Ekelhafteres, als die ganze Nacht zu bibbern – ganz zu schweigen von der drohenden Unterkühlung und Erschöpfung. Was ein Schlafsack leisten soll, ist klar: Nachts soll er den Körper warm halten, tags möglichst leicht und klein verpackbar sein. Dazu gibt es Hunderte von Modellen mit unterschiedlichen Konstruktionstechniken, Füllmaterialien, Bezugsstoffen, Schnitten und Details. Sie können von 500 Gramm bis 3 Kilo wiegen und zwischen 50 und 2.000 Mark kosten. Was braucht man wirklich?

Ausschlaggebend sind die individuellen Ansprüche (friert man leicht oder gehört man zu den robusteren Naturen?) und der Einsatzzweck: Hüttentour, Zelt, Biwak, Trocknungsmöglichkeit für den Schlafsack unterwegs etc.

Da man das Wesentliche des Schlafsackes, sein Innenleben, nicht sieht, ist Schlafsackkauf immer Vertrauenssache. Um auch die inneren Werte beurteilen zu können, muss man etwas über Materialien und Konstruktionen wissen.

Kammerkonstruktionen

Jede Füllung kann ihren Zweck nur dann erfüllen, wenn sie gleichmäßig verteilt ist und nicht verrutscht. Für Daunenfüllungen muss der Schlafsack hierzu in einzelne Kammern unterteilt werden. Je höher die Zahl der Kammern, desto gleichmäßiger ist die Verteilung und desto höher die Wärmeleistung – aber auch der Preis.

Steppnähte

Durchgesteppte Schlafsäcke erkennt man daran, dass Futter und Außenmaterial miteinander vernäht

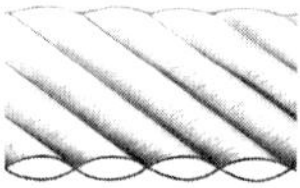

durchgesteppt

sind. Da entlang den Nähten die Isolierschicht gleich Null ist, sind sie im Winter nur für Hüttentouren geeignet.

Versetzt durchgesteppt: Besser sind zweilagige Konstruktionen, bei denen die Steppnähte versetzt laufen, d.h., über der Naht der inneren Lage liegt eine Kammer der äußeren Lage. Dabei ist die innere Lage enger geschnitten als die äußere (Differentialschnitt). Solche Schlafsäcke sind etwas schwerer als Kammerkonstruktionen, können aber u.U. auseinandergenommen werden, so dass man zwei leichte Schlafsäcke erhält.

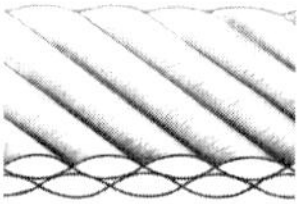

versetzt durchgesteppt

Stege

Alle besseren Schlafsäcke verwenden Stege (Zwischenwände), um Kammern zu bilden. Diese Stege bestehen aus leichten Stoffstreifen zwischen Futter und Bezug, so dass keine „kalte Naht" entsteht. Nur so kann der Differentialschnitt seine Vorteile ausspielen: Das Außenmaterial liegt locker, und die Isolierschicht bleibt gleichmäßig dick.

H-Kammern

Je nach Anordnung der Stege unterscheidet man drei Hauptgruppen:

- **H-Kammen** mit senkrecht verlaufenden Stegen sind leichter und preiswerter als andere Kammertechniken, aber an den Stegen ist die Isolierkraft etwas eingeschränkt.
- **Schrägkammern** haben versetzte Nähte, so dass die Stege schräg verlaufen. Das ist etwas aufwendiger, teurer und geringfügig schwerer, vermeidet aber Kältebrücken noch besser.
- **V-Kammern** – die Luxusversion – haben versetzte Nähte und V-förmig verlaufende Stege. Sie fixieren die Füllung am besten, haben keine Kältebrücken, sind aber aufwendiger und teurer. Ganz ähnlich sind Trapezkammern.

Schrägkammern

V-Kammern

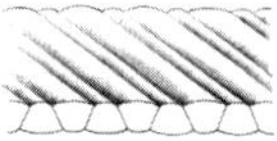

Trapezkammern

Kombinierte Konstruktionen

Da das Körpergewicht die Füllung an der Unterseite des Schlafsacks ohnehin zusammendrückt, werden z.T. kombinierte Konstruktionen verwendet; z.B. oben Kammern, unten gesteppt.

Radialkonstruktionen

Kammern und Kanäle verhindern das Verrutschen der Füllung zum Kopf- oder Fußende hin. Innerhalb der Kammern kann die Füllung jedoch seitlich verrutschen. Das hat Nachteile, aber auch einen Vorteil: Bei der einfachen **Standardkonstruktion** sind die Kammern ringsum durchlaufend, so dass man die Füllung zur Oberseite schütteln kann, um einen wärmeren Schlafsack zu erhalten, oder zur Rückenseite, wenn es weniger kalt ist. Dazu wird der Reißverschluß ganz geöffnet und der Schlafsack seitlich geschüttelt.

Fachhöhe/Loft:

Als Fachhöhe oder Loft bezeichnet man den Abstand zwischen Futter und Außenbezug bei voll aufgebauschter Füllung – also im Idealfall die Breite der Stege. Sind die Kammern zu schwach gefüllt, erreicht der Loft nicht die Steghöhe, sind sie zu stark gefüllt, wird die Füllung komprimiert und kann nicht ihre volle Isolierwirkung entfalten. Achtung: Manche Hersteller bezeichnen mit Loft die Dicke des gesamten Schlafsacks, also die doppelte Fachhöhe!

Eine **Konstruktion mit unterbrochenen Kammern** hat gegenüber vom Reißverschluss einen Längssteg, der Ober- und Unterseite trennt. Dies ermöglicht eine unterschiedliche Füllung, z.B. 60 % an der Ober-, 40 % an der Unterseite, ist aber nicht mehr so variabel.

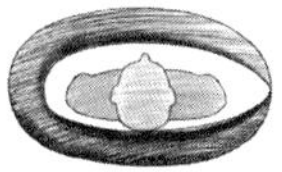

Standard

Bei der **Radialkammer-Konstruktion** sind die einzelnen Kammern durch vier oder mehr Längsstege weiter unterteilt, so dass zum Teil weit über hundert Kammern entstehen. Diese Konstruktion nutzt die Isolierkraft der Füllung am effektivsten, ist aber auch besonders aufwendig und teurer.

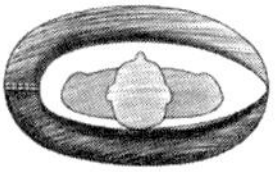

Standard mit unterbrochenen Kammern

Eine andere Möglichkeit, das seitliche Verrutschen der Füllung zu verhindern, sind **Chevron Baffles** (V-förmig oder W-förmig verlaufende Kammern), deren Winkel die Füllung festhalten.

Radialkammern

Chevron-Baffles

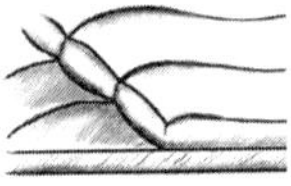

Zweischicht-Konstruktion

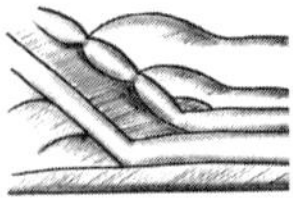

Dreischicht-Konstruktion

Schindel-konstruktion

Kunstfaser-Konstruktionen

Kurzfasern werden als Vliesmatten verarbeitet: meist in zwei Schichten. Eine ist mit dem Außenbezug, die andere mit dem Futter vernäht. Untereinander sind sie jedoch nicht verbunden, um Kältebrücken zu vermeiden. Bei besseren Winter-Schlafsäcken liegt dazwischen eine dritte Vliesmatte.

Endlosfasern, deren Vlies besonders reißfest ist, ermöglichen eine aufwendigere und besonders effektive **Schindelkonstruktion,** bei der die einzelnen Matten überlappend an Außenbezug und Futter genäht werden. Keine Kältebrücken!

Füllung

Daune oder Kunstfaser? Da scheiden sich die Geister. Um eines vorab und ein für allemal klarzustellen: Beide Materialien können gleich gut warm halten! Oder aber: Beide isolieren gleich wenig, denn was isoliert, ist nicht das Füllmaterial selbst, sondern die darin eingeschlossene Luft. Die Frage, ob ein billiger Schlafsack viel schlechter isoliert als ein teurer, hat sich damit erledigt. Die Antwort lautet: Nein. Er kann ebenso gut oder sogar noch besser isolieren, ist dann aber entsprechend schwerer und sperriger!

Daune

Um viel Luft zu umschließen und dennoch klein verpackbar und leicht zu sein, muss die Füllung eine hohe **Dehnfähigkeit** besitzen, d.h. ein großes Volumen einnehmen. In dieser Hinsicht ist gute Daune unübertroffen. Außerdem hat sie eine höhere Lebensdauer als jede Kunstfaserfüllung. Daunen bestehen aus vielen strahlenförmigen Verästelungen, die von einem Kern aus in alle Richtungen ragen und von feinen Flaumhärchen überzogen sind. Dadurch kann die Daune die Luft hervorragend festhalten und zu einem isolierenden Polster binden.

Entscheidend für die **Leistungsfähigkeit** der Daune sind ihre Größe und Bauschfähigkeit, die von Herkunft, Alter und Art des Tieres abhängen. Am größten und bauschfähigsten (also am besten) sind die Daunen ausgewachsener Gänse aus kalten Regionen (z.B. Polen). Sie bieten die höchste Isolierung in Relation zu Gewicht und Packvolumen. Entendaunen sind kleiner, ebenso Daunen von Tieren aus wärmeren Regionen (z.B. Südostasien).

Daune

Kleinfeder

Um die Füllung zu stützen, wird der Daune fast immer ein Anteil an Kleinfedern beigemischt. Das **Mischungsverhältnis** sollte in Gewichtsprozent angegeben sein. Angaben in Volumenprozent täuschen einen zu hohen Daunenanteil vor. Hochwertige Schlafsäcke sind mit 90/10er oder 80/20er Daune gefüllt, d.h. dass sie bei 1000 g Füllung 900 g (bzw. 800 g) Daune und 100 g (bzw. 200 g) Kleinfedern enthalten. Bei einem Verhältnis von 70/30 oder 50/50 wird der Preis günstiger, aber das Wärme-Gewicht-Verhältnis spürbar schlechter.

Das Mischungsverhältnis sagt allerdings noch nichts über die Qualität der Daune – also ihre Bauschfähigkeit – aus. Hierzu muss man ihre **Fillpower** (Füllkraft) kennen, die sich exakt messen lässt und meist in Kubik-Inches (Cuin) pro Unze angegeben wird. Kurz: Welches Volumen füllt eine Unze Daunen. Eine **Füllkraft** ab 550 gilt als gut, 650 ist sehr gut, 700 ist Spitzenklasse – und entsprechend teuer.

Achtung!
Auf dem deutschen Markt gehören Füllkraftangaben bisher leider nicht zum Standard. Hier dürfen Produkte noch als „Daunenschlafsäcke“ bezeichnet werden, obwohl sie zu 85 % nicht bauschfähige Federn enthalten. Immerhin dürfen Füllungen mit weniger als 80 % Daunenanteil nicht mehr als „reine Daune“ bezeichnet werden.

Nachteil der Daune ist ihre Nässeempfindlichkeit: Sie nimmt Wasser auf, beginnt dann zu verklumpen, verliert deutlich an Leistungsfähigkeit und trocknet wesentlich langsamer als Kunstfasern. Die Isolierfähigkeit völlig nasser Daune liegt nahe Null, während die Kunstfaser nach dem Auswringen noch passabel warm hält.

Kunstfaser- (Synthetik-)Füllungen

Hinsichtlich Gewicht, Packvolumen und Schlafkomfort können selbst die besten Kunstfasern nicht mit guter Daune konkurrieren. Dafür nehmen sie **kaum Wasser** auf (Polyester maximal 0,8 % des Eigengewichts; Daune: 12 %), **trocknen enorm schnell** und verlieren auch in nassem Zustand nur wenig an Bauschkraft (Polarguard z.B. nur 3-5 %). Außerdem haben sie eine **höhere Tragkraft** (d.h. sie werden weniger zusammengepresst), sind billiger und verrutschen weniger, was aufwendige Kammerkonstruktionen erspart. Allerdings verlieren sie schneller an **Bauschkraft** als Daune und sind bei weitem nicht so langlebig.

Wasserabweisende Daune
Eine besonders wasserabweisende Spezial-Daune durch feine Teflonbedampfung hat die Firma Lestra entwickelt.

Daune oder Kunstfaser?
Daunenschlafsäcke sollte man unterwegs möglichst jeden Morgen gleich nach dem Aufstehen ganz geöffnet zum Trocknen aufhängen. Ist dies nicht praktikabel, sollte man sich für eine Kunstfaserfüllung entscheiden. Auch wer öfter in einem wasserdichten Biwaksack schläft, sollte wegen der Kondenswasserbildung die Kunstfaser wählen.

Verwendet werden **Polyesterfasern** unterschiedlichster Art. Da sie eine raue Oberfläche haben, müssen sie mit Silikon ummantelt werden, um sich aufbauschen zu können. Bei Billigprodukten kann sich diese Beschichtung bereits nach dem ersten Waschen ablösen, so dass die Füllung stark zusammenfällt. Überprüfbar ist die Qualität leider nicht. Man kann sich lediglich auf Markenfasern namhafter Hersteller verlassen.

Die Kunstfasern werden in zwei Hauptgruppen unterteilt: **Kurzfasern** (staple fiber, Stapelfasern), die nur wenige Zentimeter lang sind, und durchgehende **Endlosfasern** (Endlosfilamente). Kunstfasern müssen zu Vliesmatten verarbeitet werden, wobei man meist feinere und gröbere Fasern mischt. Kurzfasern werden zunächst gekräuselt, um eine dreidimensionale Struktur zu erhalten, dann mit Sprühklebern verfestigt und oft zusätzlich auf einem dünnen Trägermaterial fixiert. Endlosfasern sind von Natur aus dreidimensional und erfordern weder Kleber noch Trägerschichten.

Schlafsack-Details

Neben Konstruktion und Füllung sind für einen guten Winterschlafsack Details und Ausstattung entscheidend:

Form und Größe: Für den Winter kommt nur ein Mumienschlafsack in Frage. Ob man sich für ein weiter und enger geschnittenes Modell entscheidet, ist vom subjektiven Empfinden abhängig. Der eine mag es weit, weil er sich sonst eingeengt fühlt, der andere bevorzugt den hautnahen Kokon wegen seiner besseren Wärmenutzung und der Gewichtsersparnis. Für Personen von mehr als 180 cm Körpergröße gibt es längere XL-Versionen.

Kapuze: Da etwa ein Drittel der Körperwärme über den Kopf abgegeben wird, ist die Kapuze im Winter ein absolutes Muss – am besten eine **Konturkapuze,** die so weit geschlossen werden kann, dass nur Mund und Nase frei bleiben.

Kauftipp Schlafsack

Mir reicht auf den meisten Wintertouren mein 1250 g leichter Ajungilak Goose Bay mit 600 g bester 650er Gänsedaune in umlaufenden H-Kammern, der bis -8 °C Komfort bietet und mir - mit Fleece-Wäsche „gepusht" - auch bis -15 °C reicht. Für noch kältere Winter bietet der Goose Bay Winter mit 1000 g Füllung und vorbildlich kurzem Reißverschluss Schlafkomfort bis -20 °C und eine Notreserve bis -30 °C. Bisher fehlen leider Innenschlaufen zum Befestigen eines Inletts, aber neuere Modelle sollen damit ausgestattet werden.

Reißverschluss: Ein 2-Weg-Reißverschluss, der bis zum Fußende des Schlafsacks reicht, ermöglicht es, Ventilation und Temperatur zu regulieren. Unverzichtbar ist eine dicke und breite **Reißverschluss-Abdeckung** – sonst hat man die schönste Kältebrücke. Da Reißverschlüsse trotzdem Wärme entweichen lassen, sollten sie um so kürzer sein, je kälter es wird. Umlaufende Reißverschlüsse am Fußende gehören nicht an Winterschlafsäcke. Manche Wintermodelle haben einen verkürzten Seiten-Reißverschluss und einige Extrem-Modelle sogar einen ganz kurzen Reißverschluss an der Oberseite.

Kinderschlafsack

Falls man für Kinder keinen speziellen Schlafsack kaufen will, kann man einen normalen Schlafsack unterhalb der Zehenspitzen mit einem Gürtel oder einem Seil zuschnüren und das überflüssige Ende umklappen, damit kein toter Raum aufgeheizt werden muss.

Fußbox: Da man an den Füßen erfahrungsgemäß am schnellsten friert, muss das Fußende besonders dick gefüllt sein. Manche Hersteller setzen sogar zusätzlich einen isolierten Fußsack ein.

Wärmekragen: Ein isolierter Wulst, der um Hals und Nacken geschlossen und mit einem Tanka oder Klettverschluß fixiert werden kann, lässt keine Wärme entweichen und ist daher bei Winterschlafsäcken vorteilhaft.

Extras: Zwei **Schlaufen am Fußende** sind praktisch, um den Schlafsack zu Hause in den Schrank oder unterwegs zum Trocknen aufzuhängen. In einer kleinen **Innentasche** kann man Papiere, Uhr und andere Kleinigkeiten nachts sicher aufbewahren. Besonders empfehlenswert sind einige **Schlaufen an der Innenseite,** um ein Inlett zu fixieren.

Schlafsackzubehör

Inlett

Ein Inlett (zweites Futter) aus Seide oder Kunstfaser schützt den Schlafsack vor Verschmutzung, trocknet rasch und kann aufwendiges Waschen des

Schlafsacks weitgehend ersparen. Es sollte innen befestigt werden können, um nicht zu verrutschen. Das nur 128 g schwere Seideninlett von Ajungilak hat mir – und meinem Schlafsack! – schon gute Dienste geleistet. Ein Fleece-Inlett (wie z.B. Ajungilak Beito Lite) steigert zudem die Wärmeleistung spürbar und kann als leichter Hütten- oder Sommerschlafsack herausgenommen werden. An beiden vermisse ich lediglich Schlaufen am Fußende.

Innenschlafsack

Um die Wärmeleistung des Schlafsacks noch mehr zu steigern, kann man einen passenden Innenschlafsack darin befestigen. Die Betonung liegt auf passend. Es hilft nicht viel, irgendeinen Schlafsack hineinzustopfen, dessen Füllung dann total zusammengepresst wird. Lassen Sie sich im Fachgeschäft beraten.

Kauftipp Bodysack

Optimal ist der Bodysack, der von Golde in Zusammenarbeit mit dem DAV entwickelt wurde. Er enthält 250 g 70/30 Gänsedaune mit 530-Füllkraft, wiegt nur 550 g und kann auch als extra-leichter Sommer- oder Hüttenschlafsack verwendet werden.

Schlafsack-Überzug/Biwaksack

Ein Schlafsack-Überzug bzw. Biwaksack schützt vor Nässe und Wind. Für das Biwak im Freien ist er unerlässlich, aber selbst im Zelt schützt er vor Schmelz- und Kondenswasser. Am besten sind wasserdichte und dampfdurchlässige Überzüge. Undurchlässige Modelle sollte man nur mit einem Kunstfaserschlafsack verwenden, da das Kondenswasser die Isolierfähigkeit einer Daunenfüllung stark reduzieren würde.

Kauftipp Biwaksack

Auf Touren mit leichtem Gepäck benutze ich den Exped Triplepoint mit wasserdichter Unter- und wasserdicht/dampfdurchlässiger Oberseite, der nur 500 g wiegt.

Auch auf Tagestouren im Gebirge nehme ich oft einen leichten Daunenschlafsack und einen Biwaksack mit. Das sind zwar ca. 1500 g Zusatzgewicht, aber nur zu leicht kann es passieren, dass man z.B. durch einen Wetterumschwung das geplante Ziel nicht rechtzeitig erreicht – und dann können diese 1500 g das Leben retten oder zumindest eine recht ungemütliche Nacht ersparen!

Isoliermatte

Selbst der beste Schlafsack kann nicht ausreichend gegen Bodenkälte isolieren, da die Füllung durch das Körpergewicht zusammengepresst wird. Eine Isoliermatte ist daher unerläßlich. **Schaummatten** für den Winter sollten 1,5-2,0 cm stark sein. Die Größen liegen zwischen 180 x 50 und 200 x 60 cm, das Gewicht um 500 g. Billige PE-Matten sind Einwegartikel, die Wasser aufsaugen. Gute PE-Matten hingegen haben geschlossene Zellen und sind daher wasserdicht, was auch im Winter wichtig ist. Am besten sind Evazote-Matten aus geschlossenzelligem Schaumstoff.

Kauftipp Isomatte

Für Touren mit Minimalgepäck benutze ich eine Therm-a-Rest Ultralite ¾-Matte, die nur etwa 400 g wiegt und im Rucksack verstaut werden kann. Für extremere Bedingungen bevorzuge ich die Ajungilak Luxat, eine rutschfeste und wahrhaft komfortable Matte von 198 x 66 cm, die sich auf 50 mm (!) Dicke aufbläst und gegen extremste Bodenkälte gut isoliert.

Normale **Luftmatratzen** sind für Wanderungen zu schwer und isolieren nicht gut, da die Luft darin zirkuliert. Anders hingegen **Thermo-Luftmatratzen** aus offenzelligem PU-Schaum und einer luftdichten Nylonhülle. Sie nehmen absolut kein Wasser auf, sind sehr komfortabel und klein verpackbar, aber etwa doppelt so schwer wie Schaummatten.

Probleme mit Thermo-Luftmatratzen soll es bei starkem Frost geben, wenn durch Kondenswasser (vom Nachpusten) im Inneren Eiskristalle entstehen. Bei Temperaturen bis –15 °C hatte ich allerdings bisher keine Schwierigkeiten.

Minimaltemperatur

„Bis wieviel Grad geht der denn?", wird jeder Schlafsackverkäufer immer wieder gefragt. Die Antwort fällt meist vage aus. Klar, dass man auf diese Frage nicht mit einer exakten Zahl antworten kann. Zu **viele Faktoren** spielen eine Rolle, z.B. Luftfeuchtigkeit, Windstärke, Zustand des Schlafsacks – und nicht zuletzt auch die körperliche Verfassung.

Was also ist von den **Temperaturangaben** der Hersteller zu halten?! Seriöse Hersteller bemühen sich, hilfreiche Vergleichswerte zu ermitteln, während andere mit Fantasiezahlen auf Kundenfang gehen.

Eine klare Regelung gibt es leider nicht, obwohl eine exakte **Methode zur Messung der Isolierfähigkeit** unter festgelegten äußeren Bedingungen längst entwickelt wurde. Sie ergibt zuverlässige Ergebnisse und wird von einigen Herstellern auch angewandt. Die individuellen Faktoren bleiben dabei natürlich unberücksichtigt, aber man erhält präzise Aussagen über Isolierwert und Wärme-Gewicht-Verhältnis, um die Schlafsäcke untereinander zu vergleichen. Wer sein eigenes Temperaturempfinden kennt, kann dann genau sagen, ob ihm ein bestimmter Schlafsack für die zu erwartenden Temperaturen ausreicht (Mindestens 5 Grad Reserve einrechnen!).

Viele Hersteller geben zwei Werte an: eine **Komforttemperatur** und eine **Extremtemperatur**. Setzen Sie die Komforttemperatur als unterste Grenze an. Die Extremtemperatur können Sie getrost ignorieren, denn sie besagt nichts anderes, als dass man dabei die Nacht gerade noch überleben kann, ohne zum Eisklotz zu erstarren. Sie ist im besten Fall ein rechnerisch ermittelter, also theoretischer Wert – wer will einen Schlafsack schon bis zum Erfrierungstod austesten?!

Tipps für die Nacht

- *Schlafsack sofort nach dem Aufstellen des Zeltes auspacken und **aufschütteln,** damit er sich dick aufbauscht.*
- *Stets eine **Isoliermatte** benutzen.*
- *Unter das Zelt ggf. eine **Lage dünner Fichtenzweige** o.ä. legen, um die Bodenisolierung zu steigern.*
- *Vor dem Schlafengehen **kohlehydratreiche Kost und warme Getränke** zu sich nehmen.*
- *Falls Ihnen kühl ist, wärmen Sie sich durch **Bewegung** auf, ohne ins Schwitzen zu kommen.*
- *Trockene, anliegende, aber nicht zu enge **Schlafkleidung** tragen – Thermo-Unterwäsche und Fleece sind ideal. Gegebenenfalls **zusätzliche Kleidung** anziehen, z.B. Isoweste, Daunenjacke etc. Die alte „Weisheit", man solle im Schlafsack möglichst wenig anziehen, ist Quatsch!*
- *Bei tieferen Temperaturen ggf. **Mütze** oder Sturmhaube aufsetzen.*
- *Gegen Wärmeverlust über die Atemluft hilft ein **Fleece- oder Wollschal** über Mund und Nase.*
- *Trinkflasche mit heißem Wasser oder Tee füllen und als **Wärmflasche** benutzen. (Dann hat man nachts zudem ein warmes Getränk bzw. muss morgens nicht erst Schnee schmelzen.) Ein angewärmter Stein tut es auch; er darf aber nicht zu heiß sein und sollte in einen Pullover eingewickelt werden.*
- *Als **Kopfkissen** kann man den Schlafsackbeutel benutzen, in den man einen Pullover o.ä. hineinstopft. Einen speziellen Beutel mit flauschigem Stoffbezug bietet die Fa. Golde.*
- *An **geeigneten Stellen** übernachten (s. „Camp").*
- *Für guten **Windschutz** sorgen.*
- *Einen **Überzug** kann man aus einer Plane improvisieren, aus einem großen Packsack oder aus Jacken.*
- *Den Schlafsack regelmäßig **lüften und trocknen.***

*● **Feuchte Kleidung** kann man mit in den Schlafsack nehmen, dann ist sie am nächsten Morgen trocken und angenehm warm (im Daunenschlafsack nur, wenn man ihn am Morgen gründlich lüften kann!)*
*● Bei stärkerem Frost kann man auch die **Stiefel** in einen Beutel stecken und im Fußende des Schlafsacks verstauen, damit sie nicht gefrieren.*

Die beiden letzteren Möglichkeiten sind nur dann zu empfehlen, wenn der Schlafsack nicht bis an sein unterstes Temperaturlimit ausgereizt wird.

Zelt

Nicht immer braucht man ein Zelt. Oft ist es schöner, direkt unter freiem Himmel im Biwaksack zu schlafen. Aber immer wieder gibt es Situationen – meist nicht vorhersehbar –, in denen das Leben ohne Zelt ausgesprochen unangenehm oder sogar gefährlich wird. Dann muss das Zelt aber auch ein zuverlässiger Wetterschutz sein und darf nicht bei der ersten Sturmbö einreißen oder gar davonsegeln. Wer bereits ein Expeditionszelt besitzt, das diese Bezeichnung verdient, der kann es auch für den Winter verwenden.

Anforderungen an das Winter-Zelt

- Mehrgestänge-Zelt ohne flache Dachpartien, damit sich kein Schnee darauf ansammelt.
- Freistehende Konstruktion, die wenige oder keine Heringe erfordert.
- Bis zum Boden reichendes Überzelt (evtl. mit ↗Schneestreifen).
- Geräumiges Innenzelt und große Apsis (Vorzelt),

Schneestreifen: *Stoffstreifen am unteren Rand des Außenzeltes, die mit Schnee beschwert bzw. darin verankert werden können.*

um darin kochen zu können (evtl. 3-Personen-Zelt für zwei Personen nutzen).

- Gute Ventilationsmöglichkeiten.
- Weite Abspannschlaufen, durch die man auch Ski etc. stecken kann.

Doppeldachzelte

Fast alle Leichtgewichtzelte sind heute **Doppeldach-Konstruktionen** mit einem wasserdicht beschichteten Außenzelt und einem dampfdurchlässigen Innenzelt. Die Feuchtigkeit im Zeltinneren (mehrere Liter pro Nach!) kann durch das Innenzelt entweichen und wird – gute **Ventilation** vorausgesetzt – zwischen Innen- und Außenzelt ins Freie abgeleitet. In kalten Nächten lässt sich **Kondenswasser** nie ganz vermeiden. Es schlägt sich am Außenzelt nieder, das Innenzelt bleibt trocken – sofern Innen- und Außenzelt genügend Abstand haben (ca. 8-10 cm). Hängen Stoffflächen durch, kann das Innen- gegen das Außenzelt gedrückt werden, und weg ist der Vorteil.

Viel Wind um die Ventilation

Meiner Ansicht nach wird die Ventilation oft überbewertet. Wenn ich Frischluft will, mache ich die Eingänge ganz auf. Dann habe ich frische Luft genug und herrliche Sicht dazu. Wenn es hingegen stürmt und schüttet, mache ich alle Luken dicht und pfeife auf das Kondenswasser. Bei einem guten Zelt kann der Innenstoff kaum gegen das Außenzelt gedrückt werden. Das Kondenswasser läuft also an der Innenseite des Außenzeltes ab, und falls doch einmal ein Tröpfchen auf das Innenzelt fallen sollte, dann wird es feststellen, dass dieses imprägniert ist, und beleidigt nach außen abtropfen.

Ventilation

Beschichtete Außenzelte, die bis zum Boden reichen, sind nahezu luftdicht. Belüftung des Zeltes kann aber wichtig sein, um Kondenswasser zu minimieren. Bei stürmischem Wetter hingegen will man die Ventilation gering halten, damit es in der „guten Stube" schön warm wird. Ergo: die Ventilationsmöglichkeiten sollten variabel sein.

Um **Kondensation** zu minimieren nutzt man den Kamineffekt: Die Öffnungen befinden sich nahe dem höchsten Punkt des Zeltes, und der Rand des Außenzeltes bleibt eine Handbreit vom Boden entfernt. So zieht die feuchte Luft zwischen Innen- und Außenzelt nach oben ab.

Zeltformen

Im Winter sind Kuppelzelte am vorteilhaftesten, da sie wenige oder keine Heringe erfordern. Sie sollten kein zu flaches Dach haben, auf dem sich Schnee ansammeln kann.

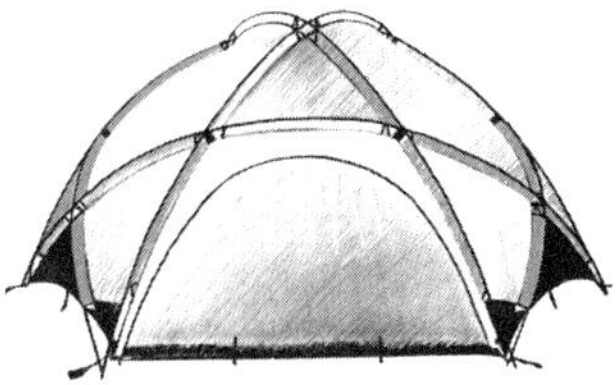

Geodätisches Kuppelzelt. Nähere Infos zu Zeltformen gebe ich in den Büchern „Outdoor-Praxis" und „Wildnis-Ausrüstung" (siehe Anhang).

Zeltdetails

Apsis (Vorzelt)

Eine geräumige Apsis ist gerade im Winter wichtig. Sie schützt nicht nur den Eingang, sondern man kann darin auch die Ausrüstung aufbewahren, Stiefel und Socken trocknen und kochen, ohne den Schlafsack zu verlassen.

Eingänge

Der Eingang sollte bis zum Boden reichen. Ein robuster Kunststoff-Reißverschluss ist die beste Möglichkeit, den Eingang dicht zu verschließen. Am Außenzelt braucht er natürlich eine breite Abdeckung, die meist mit Klettverschlüssen fixiert wird. Ein Schlauch-Eingang ist nur bei Winter-Spezialzelten ohne Apsis erforderlich.

Moskitonetz

Für den Winter werden Sie kein Moskitonetz brauchen, aber falls Sie das Zelt auch sonst einsetzen wollen, muss das Innenzelt absolut moskitodicht verschließbar sein. Die Maschenweite sollte maximal 0,5 mm betragen.

Zeltboden

Gute Zeltböden bestehen aus mehrfach PU-beschichtetem Nylonmaterial und sind an den Seiten gut 10 cm wannenartig hochgezogen, um Bodennässe und Spritzwasser abzuhalten. Der Zeltboden sollte möglichst keine Nähte haben und wenn, dann müssen sie sauber mit Nahtband verklebt sein. Eine gute Alternative zum Wannenboden sind im unteren Bereich wasserdichte Innenzeltwände.

Befestigung

Das Innenzelt wird mittels Ringen oder festen Schlaufen direkt am Boden festgepinnt. Das Außenzelt kann mit verstellbaren Gurtschlaufen ausgestattet sein. Für den Winter müssen die Schlaufen weit genug sein, damit man zur Befestigung auch Ski o.ä. durchstecken kann. Für gute Ventilation das Überzelt weiter nach außen spannen. Schließt es dicht am Boden ab, ist das Zelt weniger windempfindlich und isoliert besser.

Innenzelt spannen

Benutzt man ein Kuppelzelt und hat keine Möglichkeit, die Heringe des Innenzelts zu befestigen, so kann man die Ringe oder Schlaufen am unteren Rand des Innenzeltes mit kurzen Schnurstücken an den Stangenenden befestigen, um den Zeltboden zu spannen.

Abspannleinen

Zelte mit großen Stoffflächen, die nicht durch Gestänge gestützt werden und alle Zelte, die stärkeren Winden standhalten sollen, erfordern zusätzliche Abspannleinen, die auf den großen Flächen fest angenäht, sonst in Gestängenähte eingesetzt sein sollten.

Achtung: Selbst gut angenähte Abspannungen können nur unterstützende Wirkung haben und reißen bei zu starker Belastung aus.

Heringe

Im Winter gilt: je weniger, desto besser! Vielseitig verwendbar sind gehärtete Aluminiumwinkel von 16 cm Länge und 2 cm Schenkelbreite. Kuppel- und Tunnelzelte kommen mit wenigen oder ohne Heringe aus, was auf gefrorenem Boden bzw. Tiefschnee höchst angenehm ist (Tipps zum Verankern des Zeltes s. Kapitel „Aufstellen des Zeltes").

Nähte

Zeltnähte müssen enormen Belastungen standhalten. Die besten sind daher gerade gut genug. Am besten sind **Doppelkappnähte,** bei denen die beiden Stoffkanten hakenförmig ineinandergefalzt und mit zwei parallelen Nähten verbunden werden. Das heißt, dass jede Naht vier Stofflagen durchdringt. Alle anderen Nähte sollten mit **Nahtband** eingefasst sein. Nähte an PU-beschichteten Materialien müssen mit separatem Band abgeklebt sein.

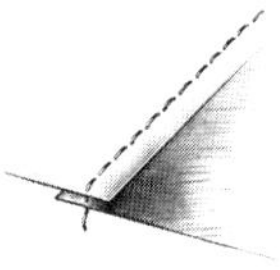

einfache Naht

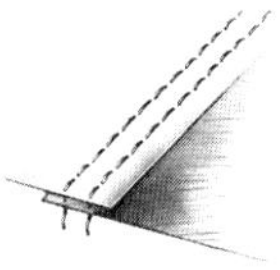

Flachnaht doppelt

Größe

Im Winter ist ein etwas geräumigeres Zelt sicher angenehm, aber auch schwerer und voluminöser. Beachten Sie, dass die **Grundfläche** eines Zeltes nicht gleich seiner **nutzbaren Fläche** ist. Diese wird in 40 cm Höhe gemessen, und dort werden die Zelte je nach Neigungswinkel der Außenwand natürlich spürbar kleiner.

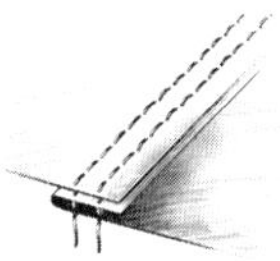

Doppelnaht

Gewicht

Kleine, solide Zwei-Personen-Zelte gibt es bereits ab 2 kg Gesamtgewicht. Die meisten Ausführungen liegen mit Ihrem Gewicht zwischen 2,5 und 3,5 kg. Wer ein geräumigeres Zelt will, muss ein höheres Gewicht in Kauf nehmen – aber mehr als 4-4,5 kg sollten es für Fußtouren nicht sein. Bei Zelten für drei oder vier Personen verringert sich das Pro-Kopf-Gewicht erheblich.

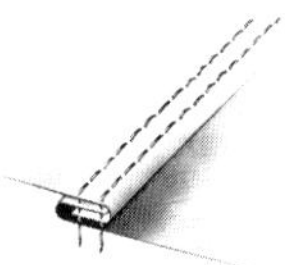

Doppelkappnaht

Kocher

Für Wintertouren ist ein Kocher wichtiger als im Sommer, da warme Mahlzeiten an Bedeutung gewinnen und es oft schwierig ist, Brennholz zu finden oder ein Feuer zu machen. Durch die kurzen Tage bleibt wenig Zeit, und auf einer anstrengenden Tour will man abends rasch und mühelos ein warmes Essen. Der Kocher bietet zudem die Möglichkeit, im Vorzelt zu kochen, ohne dazu aus dem Schlafsack kriechen zu müssen.

Brennstoffe

Nähere Infos zu den einzelnen Brennstoffen finden Sie in meinem Buch „Wildnis-Küche", das in der gleichen Reihe erschienen ist (s. Anhang)

Zunächst ist zu entscheiden, welcher Brennstoff für den geplanten Einsatzzweck geeignet ist. Will man nur gelegentlich oder ständig kochen? Ist der Brennstoff bei Kälte leicht zu entzünden? Ist er im Reiseland erhältlich?

Benzin und andere Brennstoffe auf Erdölbasis bekommt man fast überall, während es mit Gaskartuschen und Spiritus unter Umständen schwierig werden kann. Wer sein Wandergebiet auf dem Luftweg erreichen will, muss wissen, dass der Transport von Brennstoffen im Flugzeug grundsätzlich verboten ist, es sei denn, man deklariert sie als Gefahrgut (teuer!).

Spirituskocher anzünden
Um einen Spirituskocher bei kaltem Wetter anzuzünden, legt man einfach ein kleines Stück Papier o.ä. als Docht in den Brenner.

Kochertypen

Spirituskocher

Diese Modelle sind die leichtesten und unkompliziertesten. Es können keine Düsen verstopfen, und man kann darauf problemlos in der Apsis kochen. Unübertroffen ist der Trangia Sturmkocher. Ich benutze ihn seit meinen frühesten Wanderungen und war stets zufrieden. Sein Windschutz ist so genial konstruiert, dass der Kocher selbst bei starkem Wind problemlos funktioniert und die Hitze optimal ausnutzt. Nachteile: Die Flamme ist kaum zu regulieren, und Spiritus ist nicht überall erhältlich.

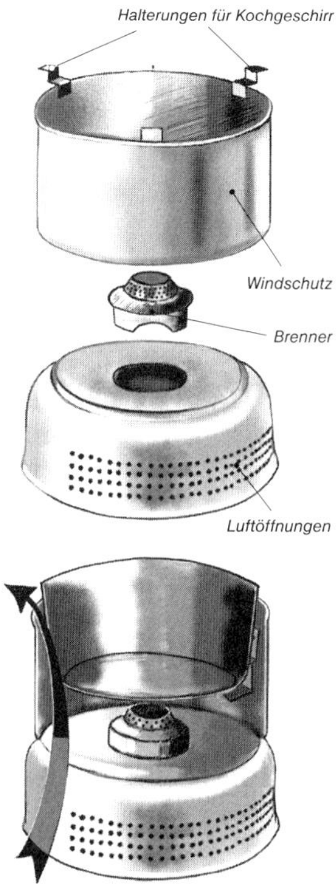

In Betrieb

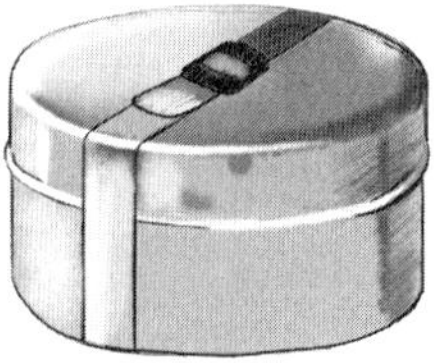

Verpackt

Gaskocher

Für Wintertouren in gemäßigten Regionen sind Gaskocher durchaus geeignet, wenn sie einen ausreichenden Windschutz haben. Bei extremer Kälte kann es jedoch vorkommen, dass das Flüssiggas nicht mehr richtig verdampft und sich daher nicht anzünden lässt.

Es gibt Modelle, die direkt auf die Kartusche aufgesetzt werden, und solche, die durch einen Schlauch mit der Kartusche verbunden sind. Letztere haben den Vorteil, dass sie meist stabiler stehen und leichter zu bedienen sind. Angebrochene Kartuschen kann man bei diesen (und bei einigen anderen) Modellen abnehmen und ggf. unter der Jacke vorwärmen! Gaskocher sind einfach zu handhaben, erfordern kein Vorheizen und kein Pumpen, brennen sauber und verstopfen die Düsen nicht. Einige lassen sich sogar per Piezo-Zündung anzünden, so dass man nicht einmal ein Streichholz braucht. Schwachpunkt ist oft der Windschutz.

Benzinkocher

Benzin ist auch bei extremer Kälte gut zu entzünden, heizt hervorragend und ist fast überall erhältlich. Die Kocher sind jedoch komplizierter, weil der Brennstoff zunächst verdampft werden muss. Billigprodukte sind daher störanfälliger und unterwegs schwer zu reparieren. Hochwertige Benzinkocher (z.B. von MSR) sind sehr robust und lassen sich – wenn es doch einmal sein muss – mit einfachsten Mitteln zerlegen.

Es gibt Modelle **mit eingebautem Tank** und solche, die mit einem **Schlauch** direkt an die Vorratsflasche angeschlossen werden (das spart Gewicht, macht schwieriges Umfüllen überflüssig und erleichtert die Bedienung). Das Grundprinzip ist bei beiden gleich: Der Brennstoff läuft in einem Metallrohr (Generator oder Vorheiz-Schlange) über den Brennkopf, wird dort verdampft und als Gas durch die Düse verteilt.

Kocher regulieren

Achten Sie bei der Auswahl des Kochers nicht nur auf seine maximale Heizleistung, sondern auch darauf, dass er sich gut regulieren lässt; denn oft muss ein Gericht längere Zeit nur köcheln, und was tun Sie dann, wenn Ihr Superherd zwar heizt wie der Deubel, aber sich nicht drosseln lässt?!

Das funktioniert natürlich nur, wenn der Kocher erst einmal brennt. Um ihn dazu zu bringen, muss man ihn **vorheizen.** Zunächst erzeugt man mit der eingebauten Pumpe im Tank einen Überdruck. Wenn man nun das Ventil kurz öffnet, fließt etwas Brennstoff in die Vorheizschale (meist mit dochtartigem Vorheiz-Strumpf) und kann dort entzündet werden. Die Hitze verdampft den Brennstoff im Generator, und ehe die Vorheizflamme ganz ausgeht, öffnet man die Brennstoffzufuhr wieder, so dass der ausströmende Benzindampf sofort entzündet wird.

Normale Benzinkocher dürfen meist ausschließlich mit Waschbenzin oder speziellem Kocherbenzin betrieben werden, da sonst die Düse rasch ver-

Tipps zum sicheren Umgang mit Benzinkochern

- *Möglichst sauberen Brennstoff verwenden.*
- *Tank (bzw. Vorratsflasche) nicht über die angegebene Grenze füllen. Ist der Luftraum zu klein, wird es schwieriger, den richtigen Druck zu halten.*
- *Zu hohen Druck vermeiden, sonst entfernt sich die Flamme vom Brennkopf und kann leichter ausgehen. Außerdem wird der Generator dann nicht richtig erhitzt, so dass der Kocher mit gelber Flamme brennt, rußt und nicht mehr effizient heizt.*
- *Tank erst nachfüllen, wenn der Kocher abgekühlt ist.*
- *Zum Nachfüllen einen kleinen Trichter (evtl. mit eingebautem Sieb) verwenden.*
- *Verschütteten Brennstoff wegwischen oder verdunsten lassen, ehe man den Kocher anzündet.*
- *Beim Umfüllen darauf achten, dass kein Benzin auf die Haut gelangt - bei kaltem Wetter kann die Verdunstung zu Auskühlung und sogar zu Erfrierungen führen.*
- *Kocher und Flasche vor dem Anzünden auf undichte Stellen überprüfen.*
- *In größeren Höhen mit niedrigem Luftdruck weniger pumpen, damit nicht zu viel Benzin austritt.*
- *Beachten, dass der Kocher mit einer kurzen Verzögerung auf die Regulierung am Ventil reagiert.*

- *Tank vor Hitze schützen. Die Hitze darf nicht auf den Tank reflektiert werden (kein Problem bei Brennern ohne eigenen Tank).*

- *Falls der Kocher ausgeht, sollte man ihn vor dem erneuten Anheizen abkühlen lassen – sonst besteht erhöhte Explosionsgefahr.*

- *Kocher ohne eingebauten Tank* ***nur*** *mit den zugehörigen Vorratsflaschen verwenden (MSR und Sigg-Flaschen passen nicht mehr zusammen!), da sich die Flasche sonst während des Betriebs ablösen könnte – mit katastrophalen Folgen!*

- *Leitung, Generator und Düse regelmäßig reinigen, besonders bei Verwendung minderwertiger Brennstoffe.*

- *Beim Verbrennen von Benzin entsteht hochgiftiges (geruchloses!) Kohlenmonoxid, das zusammen mit Luft hochexplosiv wird. Kocher nie in geschlossenen Räumen ohne gute Ventilation verwenden! Vergiftungssymptome sind Kopfschmerz, Schwindelgefühl und Übelkeit.*

- *Benzin nur in Alu-Sicherheitsflaschen transportieren, die nicht zu voll sein dürfen (mind. 5 cm Luftraum).*

stopft. Viele kann man notfalls trotzdem einige Zeit mit bleifreiem Normalbenzin betreiben, muss sie dann aber häufig reinigen.

Vielstoff-Brenner (Multifuel) funktionieren sowohl mit verschiedenen Arten von Benzin als auch mit Petroleum.

Petroleumkocher

Petroleum hat ähnliche Vorteile wie Benzin. Reine Petroleumbrenner sind jedoch meist groß und schwer und daher für Rucksacktouren weniger interessant. Für längeres Lagern des Kochers muss das Petroleum aus Leitungen und Düsen entfernt werden (leerbrennen lassen), da es sonst verharzt und die Düsen verstopft.

Kochen im Zelt?

Direkt im Zelt sollte man nie kochen. Der Zeltboden könnte schmelzen, der Topf oder gar der ganze Kocher könnte umkippen. Es besteht die Gefahr einer Kohlenmonoxid-Vergiftung. Der Dampf schlägt sich im Zelt und auf den Schlafsäcken nieder. Wenn man in der Apsis kocht – was ich bei schlechtem Wetter schon oft gemacht habe – dann sollte man den Eingang wenigstens teilweise offen lassen und einen stabil stehenden Kocher verwenden.

822ww

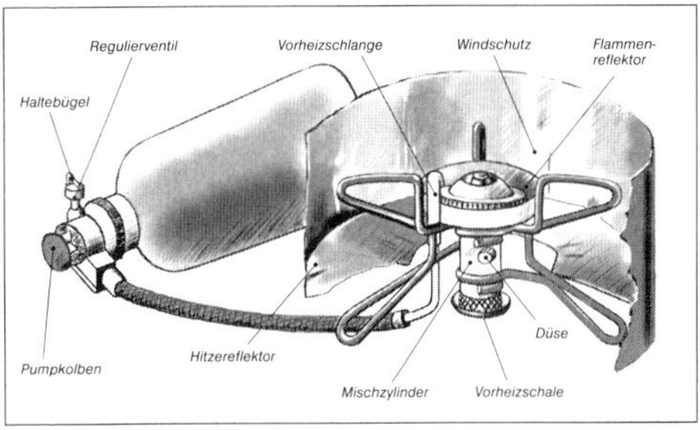

Benzinkocher mit Brennstoff-Flasche als Tank

Sonstige Ausrüstung

Ski- oder Teleskopstöcke erleichtern das Gehen erheblich (vor allem in schwierigem Gelände) und entlasten die Kniegelenke. Im Winter müssen Teleskopstöcke nicht unbedingt gefedert sein (für Dämpfung sorgt der Schnee), aber sie sollten aufsteckbare Teller besitzen, um in tieferem Schnee nicht zu versinken. Bewährte Markenprodukte sind Leki Teleskopstöcke. Sie sind ergonomisch gebaut, einfach verstellbar, leicht und robust und lassen sich mit verschiedenen Tellern ausstatten; selbst die Hartmetallspitze ist auswechselbar.

Kauftipp Taschenlampe

Stets in der Tasche habe ich die kaum fingergroße Infinity Red, die rotes Licht abstrahlt, das nicht blendet. Für den Toureneinsatz optimal ist die robuste und absolut wasserdichte Matrix Stirnlampe mit drei weißen LED-Strahlern im schwenkbaren Reflektor. Mit zwei Batterien wiegt sie nur 128 g und leuchtet selbst bei Frost rund 40 (bzw. 100) Stunden lang! Und falls man es besonders hell braucht, kann man den LED-Leuchtkopf rasch gegen einen Standardreflektor mit Glühbirne auswechseln (Bezugsquelle für beide Modelle: Fa. Exped)

Wegen der langen Dunkelheit ist im Winter eine gute **Stirn- oder Taschenlampe** wichtig. Lange habe ich die Dinger gehasst und nach Möglichkeit darauf verzichtet, weil die Batterien rasch leer waren oder die Glühbirne genau dann den Geist aufgab, wenn man die Lampe brauchte. Jetzt gibt es fantastische LED-Lampen, deren Lichtquelle fast endlos funktioniert (100.000 Stunden; Glühbirne 15-40 Std.!). Mit Alkaline-Batterien geben sie über 40 Stunden reichlich Licht ab (Glühbirnen nur 4-6 Std.) und mit Lithium-Batterien sogar über 100 Stunden!

In Lawinengebieten gehört eine leichte **Schneeschaufel** zur Ausrüstung, die auch hilfreich ist, um die Feuer- oder Lagerstelle frei zu räumen, einen Windschutz oder eine Schneehöhle zu bauen. Für Schneeblöcke oder den Iglubau braucht man eine **Schneesäge.**

Weitere Artikel, die je nach Wetter- und Schneeverhältnissen erforderlich sind, entnehmen Sie der folgenden Checkliste.

Checkliste Ausrüstung

Für das Packen sind Checklisten zu empfehlen, damit man nichts Wichtiges vergisst. Nach der Tour kann man die Liste ergänzen oder kürzen, denn selbstverständlich variiert sie je nach Art und Dauer der Tour, nach der Region und nach persönlichen Bedürfnissen. Die folgende Checkliste enthält auch Artikel, die nicht für jede Tour erforderlich sind. Sie kann aber sicherstellen, dass man nichts Wesentliches vergißt.

004ww Abb.: rh

Moderne Sherpa-Schneeschuhe mit Leichtmetall-Rahmen und Neopren-Bespannung

Artikel	Anzahl	Besorgt	Gepackt	Gewicht
Zelt und Rucksack				
Doppeldachzelt	*1*	❑	❑	.... *g*
Schlafsack, entspr. Temperatur	*1*	❑	❑	.... *g*
Isoliermatte, mind. 15 mm	*1*	❑	❑	.... *g*
Rucksack	*1*	❑	❑	.... *g*
Rucksackschutz	*1*	❑	❑	.... *g*
Unterwäsche				
Slips	*2-3*	❑	❑	.... *g*
Unterhose, lang, ggf. aus Fleece	*1*	❑	❑	.... *g*
Thermo-Unterwäsche, lang	*b. Bedarf*	❑	❑	.... *g*
Hemd, T-Shirt	*1-2*	❑	❑	.... *g*
Hemd, langarm, Rollkragen	*1**	❑	❑	.... *g*
Fleecebekleidung (mittlere Lage)				
Unterhemd, langarm, Rollkragen	*1-2**	❑	❑	.... *g*
Pullover/Weste (altern. zu Thermoweste)	*1**	❑	❑	.... *g*
Fleecehemd (altern. zu Trekkinghemd)	*1**	❑	❑	.... *g*
Socken				
Polyester oder Polypropylen, dünn	*2 Paar*	❑	❑	.... *g*
Trekkingsocken	*3-4 Paar*	❑	❑	.... *g*
Oberbekleidung				
Trekkinghose	*1*	❑	❑	.... *g*
Trekkinghemd	*1*	❑	❑	.... *g*
Gürtel oder Hosenträger	*1*	❑	❑	.... *g*
Thermoweste	*1**	❑	❑	.... *g*
Trekkingjacke	*1*	❑	❑	.... *g*
Regenhose	*1**	❑	❑	.... *g*
Mütze	*1*	❑	❑	.... *g*
Handschuhe und/oder Fäustlinge	*1 Paar**	❑	❑	.... *g*
Wanderstiefel (ggf. Thermostiefel o.ä.)	*1 Paar*	❑	❑	.... *g*
Gamaschen	*1 Paar*	❑	❑	.... *g*
Sonnen-/Gletscherbrille	*1*	❑	❑	.... *g*

Artikel	Anzahl	Besorgt	Gepackt	Gewicht
Werkzeug und Zubehör				
Arbeitsmesser, fest oder feststellbar	*1*	❑	❑	.... g
Taschenmesser	*1*	❑	❑	.... g
Schleifstein	*b. Bedarf*	❑	❑	.... g
Klappsäge	*b. Bedarf*	❑	❑	.... g
Stirnlampe mit Batterien	*1*	❑	❑	.... g
Zeltlampe mit Kerze(n)	*b. Bedarf*	❑	❑	.... g
Feuerzeug	*2-3*	❑	❑	.... g
Streichhölzer, wasserdicht verpackt	*n. Bedarf**	❑	❑	.... g
Zeltleine	*8-10 m*	❑	❑	.... g
Reepschnur oder Bergseil, ca. 10 m	*b. Bedarf*	❑	❑	.... g
Teleskop- bzw. Skistöcke	*1 P.*	❑	❑	.... g
Kompass	*1*	❑	❑	.... g
Landkarte(n)	*n. Bedarf*	❑	❑	.... g
Höhenmesser	*b. Bedarf*	❑	❑	.... g
Küchenausstattung				
Kocher	*1**	❑	❑	.... g
Brennstoff	*n. Bedarf*	❑	❑	.... g
Kochgeschirr (Topf, Pfanne, ggf. Kessel)	*1 Set*	❑	❑	.... g
Leicht-Grillrost	*b. Bedarf*	❑	❑	.... g
Tasse/Essnapf	*1*	❑	❑	.... g
Essbesteck (Löffel reicht)	*1*	❑	❑	.... g
Geschirrtuch	*1*	❑	❑	.... g
Thermos- /Wasserflasche	*1*	❑	❑	.... g
Wasserentkeimungsmittel	*n. Bedarf*	❑	❑	.... g
Salztabletten	*n. Bedarf*	❑	❑	.... g
Packbeutel oder stabile Plastiktüten	*n. Bedarf*	❑	❑	.... g
Scheuerschwamm oder Stahlwolle	*1*	❑	❑	.... g
Hygiene				
Flüssigseife, biologisch abbaubar	*1*	❑	❑	.... g
Handwaschpaste	*1 kl. Dose**	❑	❑	.... g
Handtuch	*1*	❑	❑	.... g

Artikel	Anzahl	Besorgt	Gepackt	Gewicht
Zahnbürste und Zahnpasta	*1*	❑	❑	.... *g*
Nassrasierer, kleiner Metallspiegel	*b. Bedarf*	❑	❑	.... *g*
Kamm	*b. Bedarf*	❑	❑	.... *g*
Hautcreme	*n. Bedarf*	❑	❑	.... *g*
Sonnencreme	*n. Bedarf*	❑	❑	.... *g*
Lippenschutz	*b. Bedarf*	❑	❑	.... *g*
Toilettenpapier	*1-2 Rollen*	❑	❑	.... *g*
Monatshygiene	*b/n. Bedarf*	❑	❑	.... *g*
Kondome	*n. Bedarf*	❑	❑	.... *g*
Sonstiges				
Schuhpflegemittel	*n. Bedarf*	❑	❑	.... *g*
Fotoausrüstung	*b. Bedarf*	❑	❑	.... *g*
Fernglas	*b. Bedarf*	❑	❑	.... *g*
Notizbuch und Bleistift	*1*	❑	❑	.... *g*
Dokumente (Paß, Führerschein,		❑	❑	
Impfpaß, Tickets etc.)		❑	❑	
Flickzeug je nach Unternehmung; als Standard z.B.		❑	❑	.... *g*
Nähnadeln	*1 Set*	❑	❑	
Ledernadel	*1*	❑	❑	
stabiler Zwirnsfaden	*1 Rolle*	❑	❑	
Knöpfe, verschiedene Größen	*5*	❑	❑	
Patent-Druckknöpfe/-nieten	*je 5*	❑	❑	
Flicken, Cordura	*2-3*	❑	❑	
Sicherheitsnadeln, versch. Größen	*5*	❑	❑	
Bindedraht	*kl. Rolle*	❑	❑	.... *g*
starkes Gewebe-Klebeband	*kl. Rolle*	❑	❑	.... *g*
Reparatursets für Kocher, Boot etc.	*b. Bedarf*	❑	❑	.... *g*

** Diese Artikel sind optional oder Alternativen zu anderen Artikeln der Liste. Weitere optionale Gegenstände sind durch „b. Bedarf“ (= bei Bedarf) gekennzeichnet.*

Zusätzlich für Hochgebirgstouren, Tiefschnee und extreme Kälte je nach Bedarf

Artikel	Anzahl	Besorgt	Gepackt	Gewicht
Fleecehose	*1*	❑	❑	.... *g*
daunen- oder kunstfaserisolierte Jacke	*1*	❑	❑	.... *g*
daunen- oder kunstfaserisolierte Hose	*1*	❑	❑	.... *g*
Thermostiefel	*1 Paar*	❑	❑	.... *g*
Ski bzw. Schneeschuhe	*1 Paar*	❑	❑	.... *g*
Felle/Wachs	*1*	❑	❑	.... *g*
Steigeisen	*1 Paar*	❑	❑	.... *g*
Eispickel	*1*	❑	❑	.... *g*
Gletscherbrille	*1*	❑	❑	.... *g*
Schneeschaufel, zusammenklappbar	*1*	❑	❑	.... *g*
Schneemesser oder -säge	*1*	❑	❑	.... *g*
Lawinenseil oder -suchgerät	*1*	❑	❑	.... *g*
Thermo-Fäustlinge	*1 Paar*	❑	❑	.... *g*

Persönliche Ergänzungen:

		❑	❑	.... *g*
		❑	❑	.... *g*
		❑	❑	.... *g*
		❑	❑	.... *g*
		❑	❑	.... *g*
		❑	❑	.... *g*
		❑	❑	.... *g*
		❑	❑	.... *g*
		❑	❑	.... *g*
		❑	❑	.... *g*
		❑	❑	.... *g*
		❑	❑	.... *g*
		❑	❑	.... *g*

005ww Abb.: rh

Proviant im Winter

Hier kann nur auf die Besonderheiten der Ernährung im Winter eingegangen werden. Ausführliche Infos über die Outdoor-Küche (Proviant, Bedarf, Zubereitung, Rezepte etc.) finden Sie im Buch „Wildnis-Küche" (s. Anhang).

Um den Körper mit Energie zu versorgen, die er auf Winterwanderungen benötigt, und das Gewicht des Proviants dennoch in Grenzen zu halten, sind energiereiche und wasserarme (getrocknete) Nahrungsmittel erforderlich. Lebensmittel, die mehr als einige Prozent Wasser enthalten, würden zudem gefrieren und müssten zunächst aufgetaut werden.

Fertiggerichte

20 Grad Frost und ein heulender Schneesturm! Nach einem erschöpfenden Marsch schleppen Sie sich ausgepummpt ins Camp. Klar wie Fleischbrühe: Jetzt haben Sie keine Lust, die große Küche zu zelebrieren. In solchen Situationen, die im Winter weit häufiger vorkommen als im Sommer, können Fertiggerichte **(Bergsteiger- oder Trekkingnahrung)** Gold wert sein. Und auch wenn es nicht gar so knüppeldicke kommt, ist man an manchem Abend sicher dankbar für diese „Aufguß-Menüs". Sie sind schnell, einfach und energiesparend zubereitet: kochendes Wasser drübergießen, ziehenlassen – Mahlzeit!

Vorgemixt

Manche Mühe unterwegs kann man sich ersparen, wenn man bereits zu Hause mixt – z.B. Müsli, Pfannkuchen-Mix etc. Allerdings sollte man es nicht übertreiben, denn je weniger vorgemixt ist, desto flexibler bleibt man.

Wer Extremsport betreibt oder anspruchsvolle Ziele erreichen will, wird im Winter überwiegend Fertigmahlzeiten wählen. Sie bieten eine ausgewogene Ernährung, ermöglichen optimale Leistung und schmecken inzwischen überraschen gut. Sehr praktisch sind die **Travellunch-Tagespakete** von Reiter, die Auswahl und Zusammenstellung enorm vereinfachen und die leidige Frage „Wieviel brauche ich wovon?" überflüssig machen. Auch der Lebensmittelhandel bietet eine Auswahl verschiedener Fertiggerichte.

Nahrungsmittelbedarf

Wohlbefinden und Leistungsfähigkeit des Körpers sind abhängig von der richtigen Zusammenstellung der Nahrung. Das bedeutet nicht, dass man jede Tour mit Briefwaage und Rechenschieber planen muss, aber es kann ganz nützlich sein, etwas auf den Bedarf des Körpers zu achten.

Kohlenhydrate

Kohlenhydrate (Zucker und Stärke) liefern pro Gramm etwa 4,1 kcal Energie. Sie werden vor allem bei der Muskeltätigkeit sowie zur Wahrung der Körpertemperatur „verheizt". Kohlenhydrate sind leicht verdaulich (besonders Zucker) und ihre Energie steht dem Körper schnell zur Verfügung. Sie eignen sich daher besonders, wenn rascher Energienachschub erforderlich ist, z.B. als Snacks zwischendurch, bei Erschöpfung, Frieren etc. Zur Vorbeugung gegen Unterkühlung spielen sie eine wesentliche Rolle.

Teilweise können Kohlenhydrate die Fette ersetzen, sie halten jedoch weniger lange vor. Man könnte sagen: Zucker ist das Reisig, Stärke das Holz und Fette sind die Briketts der inneren Heizung bzw. Kraftanlage.

Protein (Eiweiß)

Eiweiß kann, wenn es zur Energiegewinnung genutzt wird, dem Körper genauso viel Energie liefern wie Kohlenhydrate. Im Normalfall wird es im Körper jedoch nicht verbrannt, sondern dient zum Aufbau der Zellen, Muskulatur etc. Nur wenn die Energieträger den Bedarf nicht decken können, wird es zur Energieerzeugung genutzt und geht dann dem Muskelaufbau verloren.

Eiweiß erfordert zur Verdauung wesentlich mehr Energie und Wasser als andere Nährstoffe. Bei akuter Unterkühlungsgefahr sollte man daher die Proteinzufuhr reduzieren.

Fett

Fette sind mit 9,3 kcal/g die energiereichsten Nährstoffe und bei kaltem Wetter und körperlicher Anstrengung besonders wichtig. Ihre Energie wird langsamer freigesetzt als die der Kohlenhydrate, hält aber wesentlich länger vor. Eine wichtige Rolle spielen die Fette daher bei der Vorbeugung gegen Unterkühlung und Erschöpfung.

Fette erfordern zur Verdauung mehr Sauerstoff als Kohlenhydrate oder Eiweiß und sind daher in großen Höhen zu reduzieren.

Energiebedarf

Der Energiebedarf auf Winterwanderungen liegt bei ca. 3000-5000 kcal täglich; in Extremfällen bis 8000 kcal. Die Nahrung sollte ca. 60 % Kohlenhydrate, 20-25 % Fett und 15-20 % Eiweiß enthalten. Nach Gewicht entspricht dies einem 70:15:15-Mix. Bei zunehmender **Aktivität** steigt vor allem der Bedarf an Kohlehydraten und Fett. Bei **tiefen Temperaturen** muss vor allem die Fettzufuhr deutlich gesteigert werden.

Für Winteraktivitäten sollte die **Tagesration** etwa folgendermaßen aussehen:

Kohlenhydrate:	*ca. 550 g*	*ca. 2250 kcal*	*50 %*
Fett:	*ca. 190 g*	*ca. 1800 kcal*	*40 %*
Protein:	*ca. 100 g*	*ca. 410 kcal*	*10 %*

Abb.: rh

Trail Snacks sind unerlässlich

Energierationen (Trail Snacks)

Bei körperlicher Aktivität in Wind und Kälte ist die Bedeutung der Trail Snacks kaum zu überschätzen. Je später der Körper Nachschub bekommt, desto länger braucht er zur Regeneration, und innerhalb weniger Tage kann er über 50 % (!) seiner Leistungsfähigkeit verlieren. Dies erhöht zugleich das Risiko einer gefährlichen Unterkühlung! Je nach Temperatur und Belastung werden 25-35 % des Bedarfs durch Trail Snacks gedeckt.

Trail Snacks müssen reichlich **Kohlenhydrate** enthalten – hauptsächlich Fruchtzucker, der rasch ins Blut übergeht – sowie **Mineralien,** um die Verluste durchs Schwitzen zu ersetzen. Ideal sind Trockenfrüchte, aber auch Müsli oder Müsliriegel mit Fruchtanteil. Bei kaltem Wetter braucht man außerdem Nüsse und Schokolade, da beides Fett enthält, damit der Energiepegel nicht zu rasch sinkt. Man trägt die Snacks in der Außentasche des Rucksacks, so dass sie rasch griffbereit sind, oder man knabbert sie unterwegs direkt aus der Jackentasche.

Die wohl bekannteste Mischung ist das sogenannte **Studentenfutter,** das man sich je nach Geschmack und Wetter selbst mischen kann. Wenn die Zusammenstellung halbwegs ausgewogen ist, kann man sich über lange Zeit ausschließlich davon ernähren. Mein Standardmix: 30 % Trockenfrüchte (Aprikosen, Äpfel, Pflaumen, Rosinen plus getrocknete Hagebutten wegen ihres Vitamin-C-Gehalts), 30 % kernige Haferflocken, 20 % Schokolade und 20 % Nüsse. Diese Mixtur kann pur genossen werden, aber man kann sie auch kalt oder warm zubereiten: mit Wasser, Milch oder Kakao, als Müsli oder gekocht als „Pudding speziale".

Der Gehalt dieser Mischung pro 100 g sieht etwa folgendermaßen aus:

Bestandteil	%	kcal	Kohlenhydrate	Protein	Fett
Dörrobst	*30*	*86*	*19,2 g*	*0,8 g*	*0,0 g*
Haferflocken	*30*	*120*	*26,4 g*	*4,2 g*	*2,1 g*
Nüsse	*20*	*130*	*3,2 g*	*4,0 g*	*14,2 g*
Schokolade	*20*	*115*	*11,2 g*	*1,9 g*	*6,8 g*
Gesamt	*100*	*451*	*53,4 g*	*10,9 g*	*23,1 g*

Checkliste Proviant

Grundsätzlich kann man die gleichen Lebensmittel verwenden wie im Sommer, nur dass man mehr und fettreichere Nahrung braucht. Folgende Mengen gelten für zwei Personen und 14 Tage. Sie liefern pro Tag ca. 5000 kcal und ausgewogene Nährstoffe. Das Gesamtgewicht beträgt 24 kg (ca.

0,85 kg pro Kopf und Tag), was für Wanderer gerade noch tragbar ist. Die Liste kann nach Bedarf, Geschmack, Stauraum etc. variiert werden. Einen Teil – für extreme Unternehmungen bis zu 100 % – kann man durch dehydrierte Fertiggerichte ersetzen.

❑ *Mehl*		*1,0 kg*
❑ *Reis*		*0,5 kg*
❑ *Teigwaren*		*1,0 kg*
❑ *Suppen*	*10 Beutel*	*ca. 0,5 kg*
❑ *Fertigeintopf*	*5 Beutel*	*ca. 0,3 kg*
❑ *Soßen*	*5 Päckchen*	*ca. 0,15 kg*
❑ *Brühwürfel*	*10 Stück*	*ca. 0,25 kg*
❑ *Tomatenmark*	*3 Tuben*	*ca. 0,6 kg*
❑ *Trockengemüse*		*0,4 kg*
❑ *Bratfett (Hartfett)*		*1,5 kg*
❑ *Butter oder Margarine*		*2,0 kg*
❑ *Vollmilchpulver*		*1,0 kg*
❑ *Eipulver*		*0,4 kg*
❑ *Speck (durchwachsen, geräuchert)*		*2,0 kg*
❑ *Dauerwurst*		*1,5 kg*
❑ *Hartkäse*		*1,5 kg*
❑ *Marmelade (oder Honig)*		*0,5 kg*
❑ *Haferflocken*		*2,0 kg*
❑ *Trockenfrüchte, gemischt*		*1,0 kg*
❑ *Nüsse, gemischt*		*1,0 kg*
❑ *Schokolade*		*1,0 kg*
❑ *Müsliriegel*		*1,0 kg*
❑ *Salz*		*0,2 kg*
❑ *Kaffee, instant*		*0,2 kg*
❑ *Tee*		*0,2 kg*
❑ *Kakao*		*0,5 kg*
❑ *Getränkepulver*		*0,5 kg*
❑ *Backpulver*		*0,15 kg*
❑ *Trockenhefe*		*30-50 g*
❑ *Zucker*		*1,0 kg*
❑ *Gewürze nach Geschmack*		

007ww Abb.: rh

Im
Winter
unterwegs

Was den Winter vom Sommer unterscheidet, weiß jeder: Kälter ist's und Schnee liegt – hoffentlich! Kälte und Schnee haben jedoch vielfältige Auswirkungen auf nahezu alle Bereiche einer Wanderung. Man muss sie kennen, um Risiken zu vermeiden.

Die unmittelbaren Gefahren durch Kälte (Unterkühlung und Erfrierungen) und Schnee (Lawinen) werden im Kapitel „Gefahren in Kälte und Schnee" behandelt. Hier soll es zunächst darum gehen, wie der Winter die Fortbewegung beeinflusst.

Hindernisse

Manche Hindernisse können im Winter gänzlich verschwinden. In den großen Wildnisgebieten des Nordens gilt der Winter daher als die eigentliche Reisezeit für Überlandstrecken. Die zahllosen **Moore, Tümpel** und **Sumpfflächen,** die man im Sommer nur mühsam durchqueren kann, sind dann fest gefroren und unter einer Schneedecke begraben.

Andere Hindernisse hingegen bereiten größere Probleme: **Blockfelder** z.B. werden durch in die Spalten gewehten Pulverschnee noch gefährlicher. Dichtes, übermannshohes **Buschwerk,** das schon im Sommer erhebliche Mühe bereitet, ist im Winter noch schwieriger zu durchdringen, wenn es durch die Schneelast niedergedrückt wird. Selbst dort, wo man es im Sommer auf einem guten Pfad durchwandert, ist im Winter mit erheblichen Erschwernissen zu rechnen.

Auf einer Winterwanderung im kanadischen Yukon-Territorium ist es mir passiert, dass ich trotz Pfad für eine Strecke von kaum einem Kilometer gut eine Stunde gebraucht habe, weil der Schnee das Dickicht von beiden Seiten her bis fast auf den Boden niedergedrückt und unentwirrbar verfilzt hatte. Vom Pfad war meist gar nichts mehr zu erkennen, und es blieb mir nichts anderes übrig, als flach auf dem Bauch liegend durch den Schnee zu robben wie ein Walross.

Tiefschnee

Tiefschnee und **Schneeverwehungen** können das Gehen beträchtlich erschweren und sind oft nur noch mit Ski oder Schneeschuhen (s.u.) zu überwinden. Schon ab einer Schneetiefe von 30 cm kann das Wandern auf Dauer beschwerlich werden. Liegt der Schnee mehr als knietief, ist es kaum mehr möglich, längere Strecken ohne diese Hilfsmittel zurückzulegen – besonders bei Nassschnee.

Unbewaldete Bergkämme haben meist den Vorteil, dass der Schnee dort weggeweht wird und selten tief liegt. Außerdem sind die Kämme zu jeder Zeit lawinensicher. Bei Wind allerdings ist man dort sehr exponiert und erhöhtem Unterkühlungsrisiko ausgesetzt. Außerdem ist auf Schneeüberhänge zu achten, die auf der Leeseite des Kamms entstehen. Gerät man darauf, kann man durchbrechen, abstürzen und zudem eine Lawine auslösen. Sie sind von oben sehr schwer zu erkennen!

Halten Sie sich daher auf Bergkämmen stets auf der Windseite.

Bei Tiefschnee kann man sich auch **Wildwechsel** zunutze machen. Allerdings ist darauf zu achten, dass man sich dadurch nicht von seiner Richtung abbringen lässt.

Besondere Vorsicht ist auf Elchwechseln geboten. Die Biester gehen im Winter nur ungern aus dem Weg, können höchst ungemütlich werden und sind allemal die Stärkeren!

Altschnee- und Firnfelder

Fest gepackte und vereiste Altschnee- oder Firnfelder (Altschneefelder in der Übergangsphase zu Gletschereis), wie man sie in den Bergen auch im Sommer noch antrifft, sind oft schwer zu überwinden, da die Oberfläche sehr hart und glatt ist. Besonders riskant wird die Überquerung an Hängen. Solange die Kruste nicht zu dick ist, kann man sie mit der Stiefelspitze oder dem Absatz durchstoßen. Andernfalls sind solche Flächen nur noch mit Steigeisen und Eispickel zu überwinden.

Rutschstopp

Sollte man doch ins Rutschen kommen, sofort mit dem Gesicht zum Hang drehen, die Spitze des Stockes/Eispickels und der Stiefel gegen den Boden drücken und den Körper abheben, um den Druck zu erhöhen. Die größte Bremswirkung sollte der Stock ausüben. Die kräftigere Hand hält ihn unten nahe am Boden fest. Der Druck sollte im ersten Moment nicht zu stark sein, und der Stock sollte mit dem oberen Ende schräg zum Körper weisen, damit er einem nicht aus der Hand gerissen wird. Dann rasch den Druck steigern und den Stock steiler aufrichten. Nicht zu sehr mit den Füßen bremsen, um sich nicht nach hinten zu überschlagen. Dieser Rutschstopp sollte an einem ungefährlichen Hang erst einmal geübt werden.

Steile Altschnee- und Firnfelder oberhalb von Felsen, Steilabbrüche o.ä. sollten besser umgangen werden!

Schneebrücken

Schneebrücken und hohle Stellen unter dem Schnee entstehen dadurch, dass die Decke von unten her taut. Bäche können Schnee bis auf eine dünne Schicht abtragen. Manchmal ist die Schneedecke dann etwas eingesunken, manchmal sieht man leichten Dunst aufsteigen. Aber meist sind unterhöhlte Stellen schwer zu erkennen, und das Geräusch fließenden Wassers ist oft die einzige Warnung.

Viele dieser Brücken tragen das Gewicht eines Wanderers, aber man sollte sehr vorsichtig sein und den Schnee mit einer langen Stange testen, da das Einbrechen gefährliche Folgen haben kann. In einer Gruppe Abstand halten und sich eventuell gegenseitig durch ein Seil sichern.

Schmale isolierte Schneebrücken über sonst offen fließende Bäche, wie sie in Gebieten mit viel Schnee im Frühjahr häufig vorkommen, sind in der Regel stabiler, weil der Schnee besonders fest gepackt und vereist ist. Außerdem kann man ihre Dicke erkennen und sieht, was darunter liegt. In Lappland habe ich viele Schneebrücken überquert, ohne dass eine gebrochen wäre. Trotzdem sollte man vorsichtig sein und sie nur einzeln betreten.

An offenen Wasserläufen können **weite Überhänge** entstehen, die von oben kaum erkennbar sind. Man hält daher stets einen sicheren Abstand und beachtet die o.g. Vorsichtsmaßnahmen. Wo Bäume oder Sträucher wachsen, ist der Beginn eines Bachbettes und damit die Gefahr eines Überhanges häufig daran zu erkennen, dass die Bäume oder Büsche entlang einer Linie plötzlich aufhören.

Gewässer und Eisflächen

Seen, Bäche und Flüsse können je nach Temperatur entweder problemlos überquert werden und das Gehen erleichtern, aber auch erhebliche Risiken darstellen oder gar unüberwindliche Hindernisse sein.

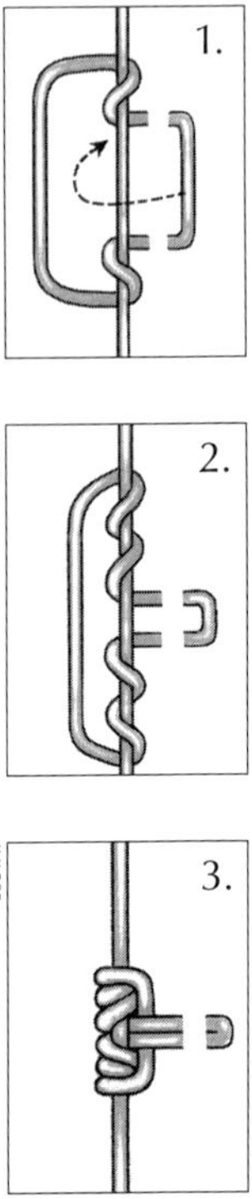

Prusikknoten

Bricht man ohne Sicherung durch die Eisdecke eines Flusses, so ist an eine Rettung kaum zu denken, da man von der Strömung sofort unter das Eis gezogen wird. Und selbst auf Seen kann man durch Kälteschock oder Unterkühlung bewusstlos werden, ehe man auf das Eis zurück gelangt!

Kleinere, offene Wasserläufe kann man wie im Sommer durchwaten, sollte aber besonders die Unterkühlungsgefahr beachten. Vorteilhaft sind Nordland- oder Gummistiefel; sonst sollte man in die Watschuhe dicke Socken anziehen. Achtung: Kiesel am Ufer (manchmal sogar unter dem Wasser!) können vereist sein! Werden beim Waten Füße oder Kleidung nass, sollte man sie am anderen Ufer sofort wechseln und am Abend trocknen.

Besonders schwierig sind Wasserläufe zu überwinden, die nur entlang den Ufern gefroren oder von einer **dünnen Eisschicht** überzogen sind. Um sicher zu gehen, sollte man besser die Route ändern. Ist eine Überquerung unvermeidlich, sucht man eine Stelle, an der geringe Strömung die Eisbildung begünstigt hat. Aber auch dort sollte man das Eis nur unter äußerster Vorsicht und durch ein Seil gesichert überqueren. Eventuell kann man auch lange Stangen parallel auf das Eis schieben und eine Art Knüppeldamm bauen, der die Last verteilt.

Ein festes **Maß, wie stark das Eis** für eine sichere Überquerung sein muss, gibt es nicht - zu unterschiedlich kann die Beschaffenheit sein. Aber weniger als 10 cm auf Seen und weniger als 20 cm auf fließenden Gewässern gelten als riskant.

An Stellen mit starker Strömung ist das Eis wesentlich dünner als am Ufer! Auf Seen ist das Risiko nach Frostperioden von 1-2 Wochen relativ gering, aber Flusseis ist nie sicher - ganz gleich, wie lang und extrem die Kälte bereits anhielt.

Eisflächen zweifelhafter Stärke nur betreten, wenn wirklich keine andere Möglichkeit bleibt und nur unter äußerster Vorsicht!

In nördlichen Breiten sind die meisten Gewässer fest zugefroren und können ohne Schwierigkeiten überquert werden – was nicht heißt ohne Vorsicht! Flusseis ist nie sicher! Selbst im Yukon-Territorium, wo Temperaturen von −40 °C nichts Ungewöhnliches sind, hat mir ein erfahrener Indianer geraten, mich wenn irgend möglich am Ufer zu halten und bei jeder Überquerung das Eis mit einer langen Stange sorgfältig zu testen.

Selbstsicherung

Das Seil wird um einen Baumstamm gelegt und das eine Ende unmittelbar unter den Armen am Körper befestigt. Das andere Ende wird an der um den Oberkörper laufenden Seilschlaufe mit einem Prusikknoten oder Abseilachter befestigt, der während der Überquerung langsam auf dem Hauptseil weiter geschoben wird. Sollte man einbrechen, klemmt er sich sofort am Seil fest und gibt Halt.

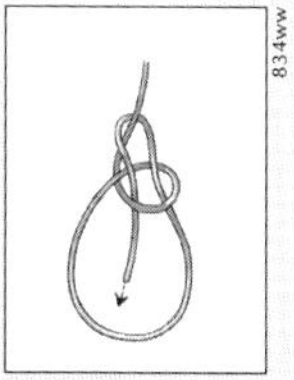

Palstek

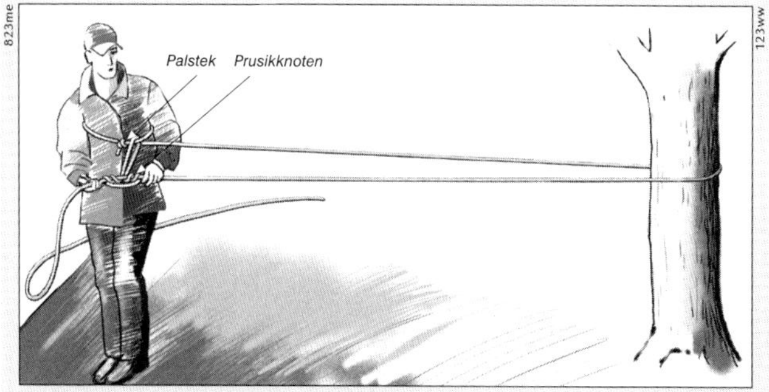

Tipps zur Überquerung von Eisflächen

Wenn man eine Eisfläche betritt, sollte man stets folgende Punkte beachten:

- ***Hüft- und Brustgurt des Rucksacks öffnen*** *und Schulterriemen locker tragen, um den Rucksack rasch abwerfen zu können.*
- *Auf blankem Eis kann man an kritischen Stellen den* ***Rucksack an einem langen Seil*** *hinter sich her oder vom anderen Ufer nachziehen, um die Belastung gering zu halten.*
- ***Ski oder Schneeschuhe*** *verteilen das Gewicht auf eine größere Eisfläche. Aber Fangriemen und Fersenzug öffnen und vordere Halterung lockern, so dass man die Ski/Schneeschuhe nur über das Eis schiebt. Bricht man ein, müssen sie sofort abgeworfen werden, da sie eine große Angriffsfläche bieten und Schwimmbewegungen unmöglich machen.*
- *Bei Eisüberquerungen ist auch ein* ***wasserdichter Survival Kit*** *sinnvoll, der bei einem Unfall nicht verlorengehen kann – also nicht im Rucksack, sondern am Gürtel oder in einer fest verschlossenen Tasche tragen!*
- *Bei Wasserläufen eine Stelle suchen, an der die* ***Strömung gering*** *und das Eis am dicksten ist.*
- *Vom Ufer aus* ***durch ein Seil sichern*** *lassen oder eine* ***4–5 m lange Stange*** *bei sich tragen, mit der man das Eis testen kann und die beim Einbrechen evtl. Halt gibt. Geht man längere Strecken auf relativ sicherem Eis, kann man die Stange quer am Rucksack befestigen und nur an kritischen Stellen benutzen. So hat man die Hände frei und bei einem Unfall geht der Rucksack u.U. nicht verloren.*
- *Beim* ***Sichern durch ein Tau*** *bindet man es nicht auf Hüfthöhe, sondern direkt unter den Armen um*

den Körper, damit man im Unglücksfall mit dem Kopf voran gezogen wird und nicht umgekehrt.

- *Das Tau nur* ***mit den Händen festzuhalten genügt nicht!*** *Durch den Schock eines Sturzes ins eiskalte Wasser kann es leicht passieren, dass man das Seil loslässt und unter das Eis gezogen wird.*
- *Notfalls ist auch die* **Selbstsicherung** *möglich (s.o.).*
- *Gefrorene Wasserläufe* ***einzeln überqueren,*** *um die Belastung gering zu halten und damit nicht alle zusammen einbrechen. Einen Abstand von etwa 15 m halten und sich evtl. gegenseitig durch ein Seil sichern. Auf Seen ist eine Seilsicherung zu empfehlen; auf Flusseis kann sie gefährlich werden, da eine einzelne Person den Eingebrochenen nicht halten kann und evtl. mit ins Wasser gezogen wird (Steigeisen oder Harscheisen tragen, Eispickel bereithalten).*
- *Von* **Felsblöcken** *oder sonstigen Objekten, die aus dem Eis ragen,* **Abstand halten.** *Sie verzögern die Eisbildung.*
- ***Wo zwei Flüsse zusammenfließen,*** *bleibt man vom Eis. Das unruhige Wasser verzögert die Eisbildung.*
- **Auf klarem Eis bleiben.** *Schnee isoliert, so dass das Eis weniger dick ist und von unten abtauen kann.*
- *In* **Flussschleifen** *auf der* **Innenseite** *(Gleithang) gehen. Im Außenbogen (Prallhang) verzögert stärkere Strömung die Eisbildung bzw. trägt das Eis von unten her ab.*
- **Dicht gepackte Schollen** *erschweren zwar das Gehen, sind aber meist viel stabiler als eine einfache Eisdecke.*
- *Da die meisten Flüsse im Herbst fallen, kann man oft auf dem offenen Ufer wandern. Lediglich* **an steilen Felsufern** *muss man das Eis überqueren. Aber nicht direkt vor der Felswand, sondern weiter ober- oder unterhalb!*

Rettung bei Eisunfällen

Auf Flusseis hat eine Rettung nur dann Aussicht auf Erfolg, wenn der Betroffene gesichert ist. Andernfalls kann er unter das Eis gezogen werden, bevor die Retter eingreifen können. Auch auf **stehenden Gewässern** wird die Bergung durch eine Seilsicherung beschleunigt, die Zeit im kalten Wasser verkürzt und die Chancen verbessert. Die Auskühlung im Eiswasser ist so extrem, dass man schon nach wenigen Minuten bewusstlos werden und ertrinken kann. Eile tut Not! Aber panische Reaktionen sind fehl am Platze!

Die **Retter** müssen reichlich Abstand von der Einbruchstelle halten, um nicht selbst einzubrechen. Ist der Verunglückte nicht gesichert, legt sich der Retter flach auf den Bauch, um das Gewicht zu verteilen, und schiebt sich vorsichtig so weit an die Einbruchstelle heran, dass er ihm ein Seil zuwerfen oder eine Stange reichen kann, um ihn herauszuziehen. Der **Betroffene** sollte dabei flach auf dem Wasser liegen und durch kräftige Beinschläge mithelfen. Er darf sich nicht auf der Eiskante abstützen, sonst könnte das Eis weiter einbrechen und der Retter gefährdet werden. Der Gerettete lässt sich flach auf das Eis ziehen und darf erst aufstehen, wenn er stabiles Eis erreicht hat.

Um sich im Notfall **selbst zu befreien**, muss man ebenfalls flach schwimmen, die ausgestreckten Arme und den Kopf auf die Eiskante legen (nicht auf-

Overflow

Auch im kältesten Winter Alaskas kommt es oft vor, dass wärmeres Wasser über die Eisdecke strömt, wieder überfriert, von Schnee bedeckt wird und nicht mehr erkennbar ist. Die Eisdecke darüber kann selbst bei extremer Kälte hauchdünn sein, so dass man sofort einbricht. Allerdings ist das Wasser zwischen der dünnen neuen und der stabilen alten Eisdecke selten tief, so dass man sich gewöhnlich nur nasse Füße holt. In Alaska sind wir mit Schneemobilen schon im Overflow stecken geblieben und hatten alle Mühe, die Maschinen im festfrierenden Schneematsch wieder flott zu bekommen.

stützen!) und sich durch Beinschläge langsam aufs Eis schieben. Dann nicht aufstehen, sondern auf dem Bauch bis ans Ufer oder auf sicheres Eis robben. Ich kenne jemanden, der das geschafft hat.

Weitere Tipps siehe in den Kapiteln „Unterkühlung" und „Erfrierungen".

Am Ufer zunächst in einer Schneewehe wälzen, da Pulverschnee viel Wasser aufsaugt. In Bewegung bleiben und sofort ein Feuer machen, ehe die Finger zu klamm werden (ggf. in die Hände klatschen und Arme gegen den Rumpf schlagen, um die Blutzirkulation zu fördern). Am Ufer findet man meist dürre Sträucher oder Treibholz, und wasserdicht verpackte Streichhölzer (bzw. ein Feuerzeug) und etwas Birkenrinde hat man hoffentlich in der Tasche. Schnell, aber überlegt handeln! Erst wenn ein starkes Feuer brennt, wechselt man die Kleidung.

Weitere Besonderheiten

Die **Lawinengefahr** ist neben Flusseis und Unterkühlung eine der größten Gefahren für Winterwanderer (siehe „Gefahren in Kälte und Schnee").

Die wesentlich **kürzeren Tage** können eine erhebliche Umstellung bedeuten und Schwierigkeiten bei der Einteilung der Tagesetappen bereiten. Im Winter muss man deutlich kürzere Etappen planen - nicht nur weil die Tage kürzer sind, sondern auch weil man langsamer voran kommt.

Nachtwandern ist bei klarem Himmel zumindest in offenem Gelände möglich, da der Schnee sehr viel Licht reflektiert und die Nächte selten ganz dunkel sind. Man sollte die Route anhand der Karte genau vorausplanen, damit die Orientierung keine Probleme bereitet und nirgends gefährliche Steilabbrüche o.ä. lauern, die bei Schnee oft selbst am Tag schwer zu erkennen sind. Dann ist es ein faszinierendes Erlebnis, in einer klaren Mondnacht durch die glitzernde Winterwelt zu wandern!

Schneeschuhe

Langlauf- oder Tourenski haben im offenen und leicht bewaldeten Gelände **Vorteile,** während Schneeschuhe in dichterem Wald und Buschland günstiger sind. Sie sind wesentlich wendiger, so dass man im Unterholz weniger hängenbleibt. Sie sind einfacher zu benutzen, und man rutscht damit kaum. Zum Thema Skitouren ist ein eigenes Buch in dieser Reihe geplant, da es hier den Rahmen sprengen würde (s. a. Literaturtipps im Anhang).

Aufbau

Schneeschuhe bestehen **traditionellerweise** aus einem Holzrahmen mit Querstreben und einer netzartigen Bespannung aus Rohlederstreifen (ungegerbte Haut) – also nicht etwa aus Leder oder gar Darm(!), wie manche behaupten! Mittels einer einfachen Lederbindung können sie an jedem Wanderstiefel befestigt werden. Eine Aussparung im Rohledergeflecht, durch welche die Stiefelspitze passt, ermöglicht, dass der vordere Teil des Schneeschuhs bei jedem Schritt ungehindert nach oben wippen kann. So ist der Fuß – wie beim Langlaufski – nicht starr befestigt, sondern kann an der Ferse abgehoben werden.

008ww Abb.: rh

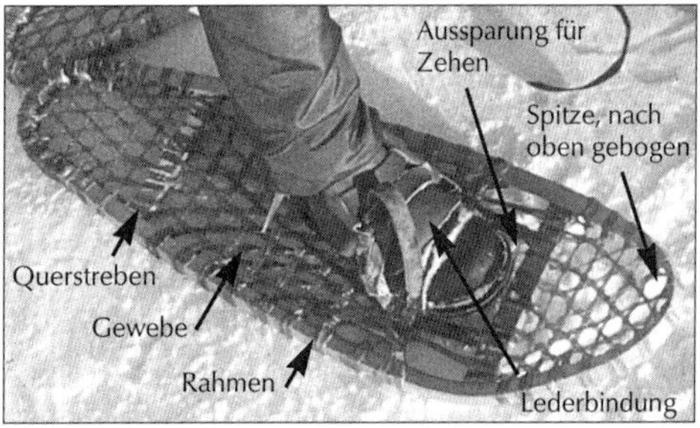

Aufbau von Schneeschuhen (klass. Modell)

Die traditionellen Modelle aus Holz und Rohhaut sind bei kaltem Wetter erstaunlich robust. Sobald der Schnee jedoch nass wird, nimmt die Rohhaut Wasser auf, wird weich und sehr empfindlich. Unter solchen Bedingungen pfeift man lieber auf „Stil" und wählt Schneeschuhe mit robuster Neoprenbespannung, die keine Nässe aufnimmt. Neopren ist auch für die Bindungen vorteilhafter, weil es sich nicht dehnt. Lederbindungen erfordern häufigeres Nachregulieren und vereisen rasch.

Schneeschuh-Modelle

Nach der Form unterscheidet man drei verschiedene Modelle: Der sehr lange, schmale und hinten spitz zulaufende **Alaska-Schneeschuh** ist dem Ski am ähnlichsten und für offene Flächen gedacht. Für Mitteleuropa und alle Waldgebiete ist er weniger geeignet.

Das **Michigan-Modell** ist etwas breiter und kürzer und bleibt durch das ebenfalls spitz zulaufende Hinterende gut in der Spur (d.h. es schlenkert nicht nach den Seiten).

Für dichten Wald, unwegsames Gelände und den Allround-Einsatz am günstigsten ist der **Bear Paw** (Bärentatzen-) Schneeschuh. Er ist hinten gerundet und dadurch bei gleicher Auflagefläche deutlich kürzer und wendiger, wenngleich nicht so spurtreu. Das Vorderende guter Schneeschuhe ist nach oben gebogen wie beim Ski, um nicht in den Schnee zu stechen.

Mit Abstand am funktionalsten und robustesten – aber auch teuer und nicht ganz so „dekorativ" sind moderne **Modelle aus Aluminium-Rohr** mit einer Bespannung aus Neoprenflächen (z.B. MSR- und Sherpa-Schneeschuhe; Bezugsquelle: Exped). Sie sind hinten gerundet und daher bei großer Auflagefläche sehr wendig. Durch eine Spezialbindung –

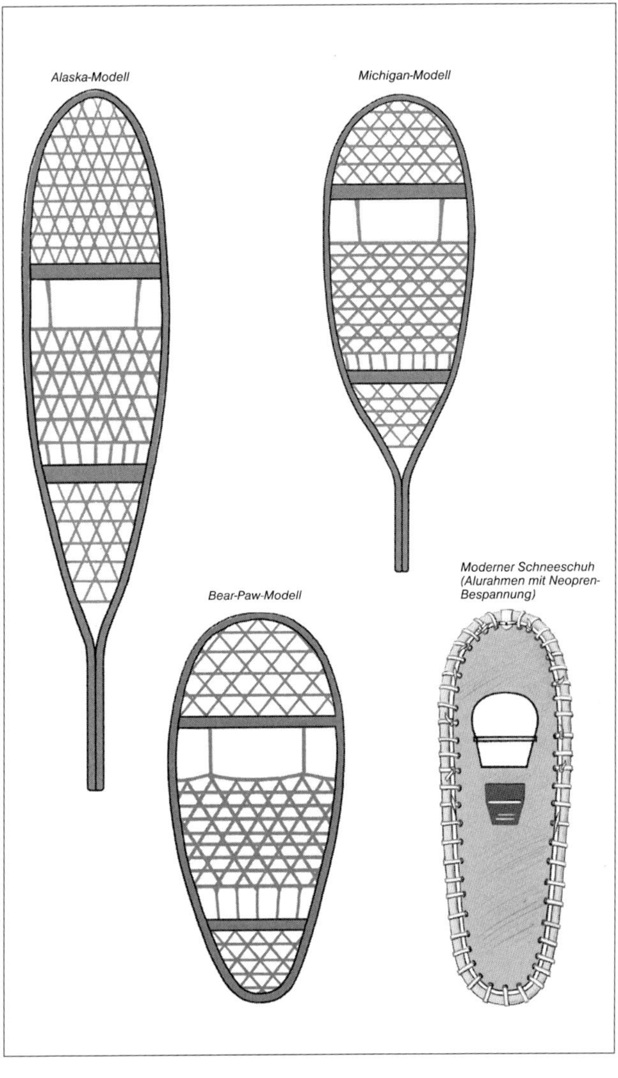
Alaska-Modell
Michigan-Modell
Bear-Paw-Modell
Moderner Schneeschuh (Alurahmen mit Neopren-Bespannung)

die zudem mit Harscheisen versehen ist – sind sie perfekt zu kontrollieren und geben an Steigungen besten Halt. Sie sind kleiner und leichter, pflegeleicht und nahezu unverwüstlich.

Sofort vergessen sollte man **Modelle aus Weidengeflecht** und die sogenannten **Schneereifen** mit einer Bespannung aus Drahtseil. Erstere sind zwar relativ billig, aber absolute Einwegartikel, die spätestens nach (oder schon während!) der ersten Tour nur noch zum Feuermachen taugen. Letztere sind auf längeren Strecken eine Tortur, da der Fuß starr damit verbunden ist.

Größen

Manche Anbieter liefern genaue Angaben, welche Schneeschuh-Größen für welches Gewicht (Rucksackgewicht nicht vergessen!) erforderlich sind. Als grobe Richtlinie kann das hilfreich sein. Viel entscheidender als das Gewicht sind jedoch die Schneeverhältnisse – die allerdings schon auf einer kurzen Strecke extrem variieren können! Vom Wind gepresster oder verharschter Schnee trägt den Wanderer selbst mit kleinsten Schneeschuhen – ja, manchmal sogar ganz ohne. Das andere Extrem bildet frischer oder vom Wind aufgehäufter Pulverschnee, in dem man selbst mit den besten und größten Modellen hoffnungslos versinkt. Dazwischen gibt es alle nur denkbaren Abstufungen, bei denen die Schneeschuhe ihre Vorteile erst richtig ausspielen können.

Bindungen

Sie ähneln der Drahtzugbindung altmodischer Ski, wenngleich es zahllose Abwandlungen davon gibt. Wichtig ist, dass der Absatz des Stiefels nicht starr auf dem Schneeschuh sitzt, sondern bei jedem

◀ *Schneeschuhmodelle*

Moderne Schneeschuhbindung (Modell Sherpa)

009ww Abb.: rh

Schritt davon abgehoben wird. Die Bindung muss so angebracht sein, dass der hintere Teil des Schneeschuhs überlastig ist, d.h., dass das Vorderende beim Heben des Fußes nach oben wippt. Moderne Neopren-/Metall-Bindungen sind weit robuster als traditionelle Lederbindungen und erlauben präzisere Führung des Schneeschuhs. Zudem sind sie oft mit auswechselbaren Schnee-/Eiskrallen ausgestattet, die auf Harsch und Firn deutlich besseren Halt geben.

Gehen auf Schneeschuhen

Das Gehen auf Schneeschuhen ist kinderleicht und muss nicht erst erlernt werden. Horrorgeschichten vom strapaziösen Watschelgang sind Schauermärchen. Mit Schneeschuhen marschiert man kaum anders als ohne, man kann erstaunliche Steigungen damit bewältigen und auch bergab ganz normal gehen. Fast alle gängigen Modelle sind so schmal, dass man sie beim Gehen nebeneinander über den Schnee zieht, genau wie die Ski. Bei breiteren Modellen ist die Schrittlänge vorgegeben, um nicht mit einem Schneeschuh auf den anderen zu treten.

Sehr hilfreich für Balance, Halt und Steigungen sind **Ski- oder Teleskopstöcke** mit Tellern (s.o.), wenngleich da mancher Purist gleich lauthals „Stilbruch" schreit, weil sie nicht zum Bild des Trappers passen.

Ideales Schneeschuh-Terrain ist nicht zu steiles Hügelland mit Wald- und Buschbestand. Für **Steigungen** über 30° sind Stöcke und/oder Bindungen mit Schneekrallen zu empfehlen. In frischem Schnee findet man noch Halt, indem man die Stiefel- oder Schneeschuhspitzen fest hineintritt (für letztere Technik muss man bei jedem Schritt das Hinterende des Schneeschuhs nach oben schwingen), aber auf Harsch oder Pressschnee wird man ohne die Krallen kaum auskommen.

Besonders problematisch wird es, wenn man steile **Hänge queren** muss. Mit den Ski belastet man einfach die Bergkante und kann so den Fuß einigermaßen senkrecht aufsetzen. Schneeschuhe sind hierfür zu breit. In lockerem Tiefschnee kann man zwar ebenfalls die „Bergkante" stärker belasten, um senkrecht aufzutreten, aber auf Harsch und festem Pressschnee werden die Knöchelgelenke geknickt und stark strapaziert. Ist die Oberfläche sehr fest, kann man die Schneeschuhe evtl. ausziehen und auf dem Rucksack tragen. Schwierig wird es, wenn man mit Schneeschuhen gar nicht einsinkt und daher keinen Halt findet - aber ohne Schneeschuhe sehr tief. Solche Querungen sollte man nach Möglichkeit meiden.

Schneeschuhwandern kann der wahre Genuß sein, wenn die weiße Pracht zwar tief, aber verfestigt ist. Dann spaziert man über die Oberfläche dahin, ohne einzusinken, während daneben die Elchspuren so tief sind, dass fast der ganze Skistock darin verschwindet. Aber wehe, wenn man tiefen **Pulverschnee** zu bewältigen hat! Wem das gleich auf der ersten Tour passiert, der wird den Glauben an die Schneeschuhe rasch verlieren. Nur wer das einmal mitgemacht hat, weiß, was es bedeutet, den „Trail zu brechen“! Größere Gruppen sind dann fein raus, denn schon der zweite hat es recht bequem, und beim **Spurtreten** kann man sich häufig abwechseln. Etwa alle 10 Minuten tritt der Vordermann zur Seite und schließt sich hinten wieder an.

Übrigens sind Schneeschuhe nicht nur in sehr tiefem Schnee hilfreich. Schon ab etwa 30 cm können unter dem Schnee verborgene Unebenheiten, Steine, Wurzeln, Äste etc. das Gehen erschweren, während man mit den Schneeschuhen problemlos darüber hinweggeht, ohne sie zu bemerken.

Steigeisen

Wenn Firnfelder, vereiste Altschneeflächen, Gletscher oder Eisflächen zu überqueren sind, bieten nur Steigeisen genügend Halt und Sicherheit. Sie werden direkt unter den Stiefel geschnallt und wiegen 600-1000 g. Steigeisen für vielseitige Verwendung besitzen zwischen Vorderteil und Absatz ein Gelenk, um das natürliche Abrollen des Fußes zu ermöglichen.

010ww Abb: rh

Pulka mit Zugstangen

Für einfache Anforderungen genügen meist **Halbsteigeisen** („Grödel") mit 4-6 Zacken, die nur den vorderen Bereich der Sohle umfassen und ca. 200-300 g wiegen. Sie können auch als Harsch-Eisen für Ski verwendet werden. Bindungen moderner Schneeschuhe sind bereits mit einer Art Halbsteigeisen ausgestattet.

Schlitten

Da das Gepäck für längere Winterwanderungen umfangreicher und schwerer ist als im Sommer, wird mancher es lieber auf einem Schlitten hinter sich herziehen. Man sinkt dann weniger tief ein, und der Schlitten kann in der Schneeschuhspur folgen. Ein Kufenschlitten eignet sich nicht: Er ist zu klein, zu kippelig und sinkt zu tief ein.

Immer mehr Winterwanderer benutzen jedoch eine **Pulka**, einen wannenförmigen Schlitten (ähnlich einem flachen Boot), der oben mit einer Plane verschlossen wird. In der Ebene kann man damit bis zu dreimal so schwere Lasten transportieren wie auf dem Rücken. Bergab geht es sowieso einfacher, und bergauf oder am Hang entlang müssen u.U. zwei Personen zusammenarbeiten. Die Pulka zieht man mit einem am Hüftgurt befestigten Gestänge. Zugseile sind ungeeignet, weil einem der Schlitten damit bei jedem Gefälle in die Hacken saust. Für erste Versuche kann man etwas mit dem „Bobschlitten" der Kinder improvisieren.

Zum wahren Traum wird die Wintertour, wenn man noch einige Hunde vor seinen Schlitten spannen kann. Auf Einzelheiten von **Hundeschlitten-Touren** einzugehen würde hier jedoch zu weit führen (siehe dazu Literaturtipps im Anhang).

013ww Abb.: rh

Wintercamp im Schnee

Wahl der Campstelle

Da hat man einen ganzen Tag lang Spur getreten, ist rechtschaffend müde und sucht ein Plätzchen für sein Zelt. Fehlanzeige! Überall liegt **metertiefer Pulverschnee,** in dem alles hoffnungslos versinkt. Mit den Schneeschuhen eine Plattform treten, wie man das von Jack London her kennt? In wirklich tiefem Pulver hat das bei mir nie recht funktioniert. Besser sieht man sich nach einer freien Stelle um, wo der Wind den Schnee weggefegt oder festgepresst hat.

Das bedeutet natürlich: **Zeitig mit der Suche beginnen,** denn geeignete Plätzchen sind nicht immer leicht zu finden und im Winter wird es bekanntlich früh dunkel. Liegt der Schnee weniger tief, kann man ihn mit den Schneeschuhen oder mit einem Ast wegfegen oder sein Zelt direkt auf dem Schnee aufschlagen.

Im Gebirge muss beim Auswählen der Campstelle die **Lawinengefahr** (s.u.) beachtet werden, denn selbst an relativ sicheren Stellen kann sie beträchtlich ansteigen, wenn man eine ganze Nacht dort lagert. **Talsohlen und Mulden** haben den Nachteil, dass die schwerere Kaltluft sich dort zu „Kälteseen" sammelt. **Bei windigem Wetter** hingegen sollte man exponierte Lagen meiden und den Windschutz von Wald, Buschwerk, Felsblöcken o.ä. suchen. Beachten Sie jedoch, dass sich im Windschatten der Hindernisse Treibschnee sammelt!

Aufstellen des Zeltes

Wo soll man die **Heringe** einschlagen, wenn tiefer Schnee liegt oder der Boden knochenhart gefroren ist?! Da hilft nur Improvisieren. Bei tiefem Schnee müssen Ski, Skistöcke, Schneeschuhe, Schaufel etc. als Heringe dienen oder der „tote Mann", ein im

Schnee eingegrabener Ast oder ein mit Schnee gefüllter Packbeutel. Den Schnee darüber gut festtreten – oder notfalls etwas Wasser darauf gießen, das rasch gefriert. Die Zeltleinen sollten um den eingegrabenen Gegenstand herumlaufen, so dass sich der Spanner über dem Schnee befindet. Auf kahlem Frostboden helfen nur Steinblöcke, Stammklötze oder ähnlich massive Gegenstände.

Windschutz

In exponierten Lagen sollte der Eingang nicht vom Wind weg weisen, sondern quer dazu liegen. Andernfalls könnte sich am Morgen eine meterhohe Verwehung davor aufgetürmt haben! In Gegenden mit festgepresstem Schnee kann man Blöcke ausstechen, um daraus neben dem Zelt einen Windschutz aufzuschichten.

Eine **Unterlage** aus Zweigen unter dem Zelt verbessert die Bodenisolierung. Dazu reichen auch dürre Zweige.

Falls die **Stiefel** am Tag feucht geworden sind (was auch bei leichtem Frost passiert), muss man sie abends gut trocknen (aber nicht zu nah am Feuer!). Sonst wird's am Morgen wenig spaßig, wenn man versucht, in die gefrorenen Klötze zu steigen! Man kann die Stiefel in einen Beutel packen und mit in den Schlafsack nehmen – was aber dem Schlafkomfort wenig förderlich ist. Besser steckt man in jeden Stiefel eine mit heißem Wasser gefüllte Feldflasche oder einen aufgewärmten (nicht zu heißen!) Stein und deckt ihn mit einem Pullover o.ä. zu.

Transport der Trinkflasche

Bei leichterem Frost stellt man die Trinkflasche – auch wenn man sie im Rucksack transportiert – verkehrt herum (Öffnung nach unten).
So bildet sich die Eisschicht am Boden der Flasche und die Öffnung friert nicht so leicht zu.

Ist es so kalt, dass das Wasser in der **Trinkflasche** zu einem massiven Block gefrieren könnte, so muss man sie ebenfalls mit in den Schlafsack nehmen – am besten natürlich mit heißem Wasser oder Tee drin, dann hat man gleich eine **Wärmflasche.**

Biwak ohne Zelt

Auch im Winter kann man durchaus ohne Zelt draußen schlafen. Auf manche Touren nehme ich gar kein Zelt, sondern nur den Biwaksack mit, um Gewicht zu sparen. Für ein solches Winterbiwak ist vor allem **Windschutz** sehr wichtig, um die Auskühlung gering zu halten. Man kann sich einen natürlichen Windschutz suchen, im Wald ein Dach aus Zweigen errichten oder eine Plane aufspannen. Aber es gibt auch verschiedene Möglichkeiten, einen Windschutz aus Schnee zu bauen. Für alle Varianten, die Schneeblöcke erfordern, braucht man festen (windgepressten) Schnee, wie man ihn meist nur jenseits der Baumgrenze findet. Manchmal kann man auch angetauten und wieder gefrorenen Schnee verwenden.

Hat man es eilig – etwa weil ein Schneesturm droht – hebt man einfach einen gut körpergroßen **Schneegraben** aus, den man mit Schneeblöcken, Ski, Stöcken, Schneeschuhen, Rucksackgestell etc. und einer Schicht Schnee abdecken kann (Ventilation nicht vergessen!). Das „Dach" sollte dabei (sofern es nicht aus festen Blöcken besteht) etwas ver-

825ww

Überdachter Schneegraben

senkt sein, so dass seine Oberkante nicht über die Umgebung hinausragt, da die isolierende Schneeschicht sonst weggeweht wird. Das Einstiegsloch verschließt man, so gut es geht, von innen – z.B. indem man den Rucksack darüber legt. Notfalls kann auch ein Graben ohne Dach ausreichen. Er gibt recht guten Windschutz und wird rasch durch Treibschnee zugeweht, der für Isolierung sorgt und so locker ist, dass man nicht darunter ersticken wird.

Ist der Schnee nicht tief genug, kann man über dem Graben einen **Tunnel aus Schneeblöcken** errichten, wie auf Seite 92 gezeigt.

Um den Blöcken besseren Halt zu geben, schneidet man auf beiden Seiten des Tunnels eine Kerbe. Bei senkrechten Wänden kann man das Kopfende etwas höher machen, um darin sitzen zu können. Die schräge Version ist windstabiler.

In Waldregionen liegt der Schnee zu locker, um Blöcke zu stechen. Oft findet man jedoch einen **natürlichen Windschutz** am Fuß einzeln stehender Nadelbäume, der für eine kurze Rast gut geeignet ist und auch für ein Nachtlager nur wenig ausgebaut werden muss. Durch die weit ausladenden Äste dieser Bäume ist der Boden um den Stamm

828ww

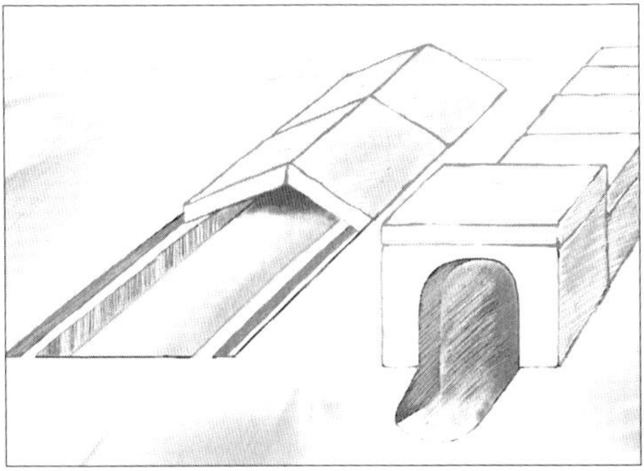

Natürlicher Wetterschutz

Iglu bauen

Ein richtiges Iglu zu bauen ist nicht einfach und sehr zeitaufwendig - also eher etwas für ein lustiges Wochenende als für die Outdoorpraxis. Man braucht dazu ein Schneemesser bzw. eine Schneesäge und tiefen, windgepressten Schnee, der das Gewicht einer Person ohne Ski trägt. Solche Schneeverhältnisse findet man gewöhnlich nur jenseits der Waldgrenze.
Zunächst hebt man ein Loch von etwa einem Meter Breite und einem halben Meter Tiefe aus und beginnt dann in Richtung auf das geplante Iglu 25-30 cm starke Blöcke zu schneiden. Der Graben soll später als Eingangstunnel dienen. Da das Iglu spiralförmig gebaut wird, müssen die Blöcke des ersten Rings langsam ansteigen.
Die Fugen sollen versetzt laufen, wie bei einer Steinmauer, und die Neigung nach innen muss stetig zunehmen, um eine halbkugelförmige Wölbung zu erhalten. Die Oberseite jedes Ringes wird daher so abgeschrägt, wie es eine Messschnur anzeigt, die im Zentrum des Kreises am Boden befestigt ist. Ein Knoten in der Schnur markiert den Radius. Die Blöcke zunächst einsetzen und dann erst oben anpassen. Der letzte Block muss oval sein, damit man ihn nach außen durchschieben und von oben einsetzen kann. Ventilation nicht vergessen, da ein Iglu innen vereisen und luftdicht werden kann!

826ww

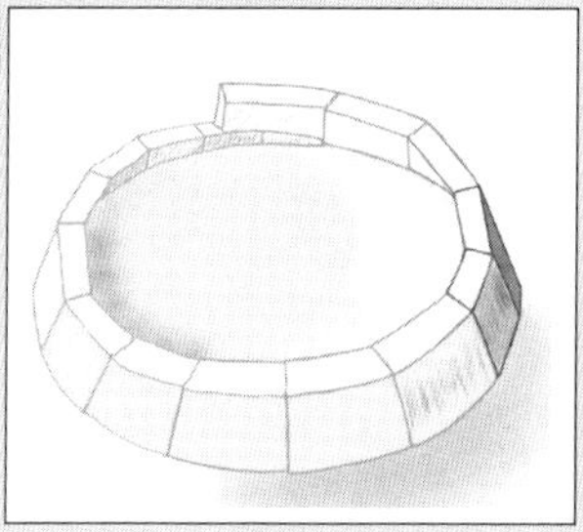

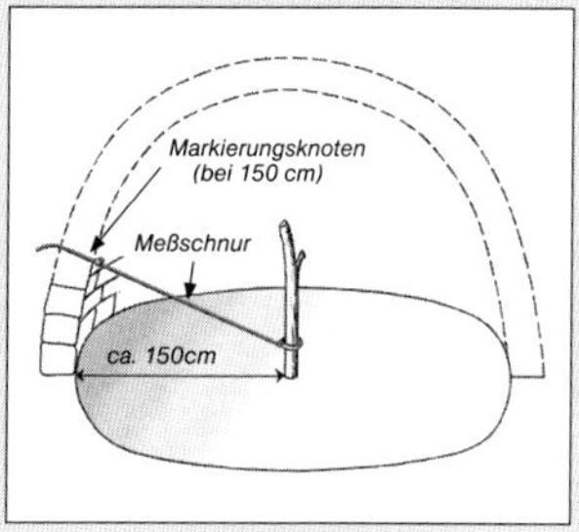

fast schneefrei, und die hohen Wände bieten Windschutz. Außerdem halten die Äste Schneefälle ab und reduzieren den Wärmeverlust. Ist der Raum unter dem Stamm zu eng, so kann man den Schnee vorsichtig unterhöhlen (nicht sehr tragfähig!). In einem solchen Unterschlupf kann man sogar ein kleines Feuer unterhalten. Da die Wärme den Schnee auf den Ästen schmelzen würde, muss es klein sein und stets durch einen Kochtopf nach oben abgeschirmt werden.

Wo der Schnee tief und fest genug ist, kann man eine **Schneehöhle** graben. Besonders günstig sind dazu große Schneeverwehungen, wie man sie an der Leeseite von Kämmen und Böschungen findet. Dies erfordert zwar auch einige Zeit, ist aber viel einfacher als der Iglubau. Zunächst gräbt man schräg aufwärts einen etwa ½ m langen Tunnel und höhlt dann einen Raum aus, der hoch genug ist, um darin zu sitzen. Wieder eher nach oben graben, da die Liegefläche höher als der Eingang sein soll (Kaltluft fällt!). Die Wände sollten kuppelförmig gewölbt sein – einerseits der Stabilität wegen, andererseits, damit Schmelzwasser an den Wänden abrinnt anstatt abzutropfen. Die Decke muss mindestens 30-40 cm stark sein, um zu tragen und zu isolieren. Die Lüftungsöffnungen dürfen nicht vergessen werden!

Boden und Bank können evtl. noch mit Zweigen ausgelegt werden. Dann verschließt man den Eingang bis auf eine kleine Lüftungsöffnung mit einem Schneeblock. Gute Ventilation ist besonders wichtig, wenn man in der Höhle kochen will. In diesem Fall den Eingang ganz geöffnet lassen. Die Körperwärme und evtl. eine Kerze können schon genügen, um die Höhle angenehm zu tem-

Schneehöhle

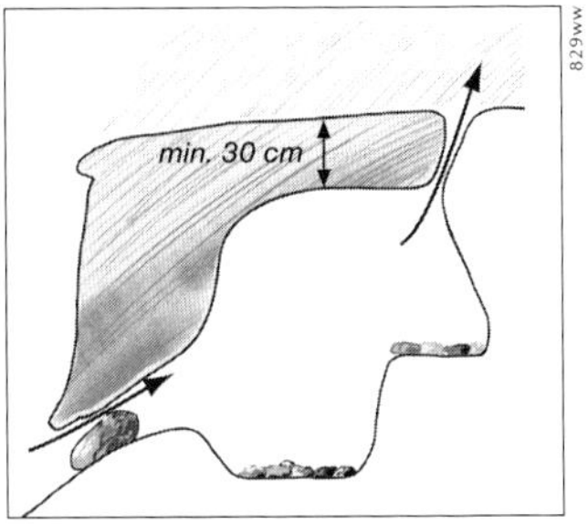

Wintercamp

▲ *Eine Plane und Schneeschuhe schützen das Feuer vor Wind*

perieren. Weit über null Grad darf die Temperatur ohnehin nicht steigen. Tropft es zu stark, öffnet man den Eingang.

Will man zu zweit an der Höhle graben, geht es schneller, wenn man einen zweiten Eingang gräbt, den man später wieder verschließt. Sofern der Schnee nicht sehr kalt und trocken ist, sollte man zum Graben wasserdichte Kleidung tragen.

Feuer im Winter

Liegt der Schnee nicht sehr tief, kann man ihn einfach mit einem Ast oder einem Ski **wegfegen.** Sonst braucht man eine Schaufel und muss regelrecht **graben** – nicht nur so groß wie die Feuerstelle, sondern in einem Umkreis von wenigstens einem Meter darum herum. Dafür hat man nachher eine bequeme Sitzbank, wenn man die Isomatte auf die

Schneekante legt, oder man setzt sich in das Loch und hat einen prima Windschutz und Reflektor.

Ist der Schnee zu tief, so tritt man ihn fest (oder sucht festen Pressschnee) und errichtet als Unterlage für das Feuer eine **Plattform** aus dicken frischen Stammstücken (nur im Notfall, da man lebende Bäume dafür fällen muss!). Hat man den Schnee weggeräumt, muss man u.U. trotzdem eine kleine Plattform aus dicken Ästen oder Steinen bauen. Mir ist es am Yukon schon passiert, dass sich ein vermeintlich fester Untergrund als gefrorener Schlamm entpuppte, in dem mein Feuerchen sofort versank!

Da die Waldbrandgefahr im Winter deutlich geringer ist, kann man auch an Stellen Feuer machen, an denen es sonst zu riskant wäre. Nur nicht gerade unter einem abgestorbenen Baum! Überhaupt muss man **unter Bäumen** vorsichtig sein, da ihre Schneelast durch die Wärme tauen und als Lawine herunterstürzen kann. Will man den Schutz einer großen Fichte nutzen, so entfernt man zunächst alle dürren Äste im unteren Bereich und legt die Feuerstelle nahe dem Stamm an (aber nicht den Stamm ankokeln!).

Cold Camp

Die Trapper in Kanada übernachten bei Temperaturen von -40 °C und darunter in einem sogenannten Cold Camp. Dazu errichten sie einen nach einer Seite offenen Windschutz aus Stangen und Ästen oder einer Plane (Lean-to), vor dem sie ein etwa körperlanges, großes Feuer aus dicken Holzklötzen unterhalten. Bei -40 °C und langen Nächten braucht man natürlich eine gewaltige Menge Brennholz, zu dessen Beschaffung man Axt und Säge haben sollte.

Wasser im Winter

Die Versorgung mit Wasser ist gerade im Winter sehr wichtig: **Flüssigkeitsmangel** wird bei kaltem Wetter nicht so rasch bemerkt und begünstigt Erschöpfung, Unterkühlung und Erfrierungen. Da im

Winter das Wasser in Form von Schnee haufenweise herumliegt, sollte die Wasserversorgung kein Problem sein. Trotzdem ist es angebracht, **so lange als möglich offenes Wasser** zu verwenden, denn Schnee erfordert 1. viel Brennstoff, um wieder flüssig zu werden, und ergibt 2. destilliertes Wasser ohne lebenswichtige Mineralsalze, das fad schmeckt und den Durst nicht richtig löscht. Also lieber etwas Zeit darauf verwenden, ein Loch ins Eis zu hacken. Wer einige Tage nur Schneewasser getrunken hat, wird das gern tun!

Schnee richtig schmelzen
Steht ausschließlich Schnee zur Verfügung, so presst man ihn zunächst im Topf zusammen. So entweicht die isolierende Luft, und er schmilzt schneller.

012ww Abb: rh

Offenes Wasser so lange wie möglich nutzen

Ist kein offenes Wasser zu finden, kann man **Eisbrocken schmelzen,** was nur etwa halb so viel Energie erfordert wie Schnee und zudem Wasser mit Mineralsalzen ergibt. Muss man sich längere Zeit mit Schneewasser begnügen, muss man **Salztabletten zusetzen,** die man in der Apotheke oder Drogerie bekommt und die alle wichtigen Mineralsalze in der richtigen Mischung enthalten.

015ww Abb.: rh

Gefahren in Kälte und Schnee

Unterkühlung

Ebenso verkehrt wie übertriebene Angst vor der Kälte wäre es, die Risiken zu verharmlosen oder gar zu ignorieren. Sicherheit heißt: die Risiken kennen und wissen, wie man sie vermeidet.

Unterkühlung *bedeutet das Absinken der Kerntemperatur unter 37 °C. Fällt sie nur um ein bis zwei Grad, so sind die Koordination der Bewegungen, das Denken und das willkürliche Handeln bereits erheblich eingeschränkt. Und sinkt sie um mehr als drei bis vier Grad, so kann dies Bewußtlosigkeit und Tod zur Folge haben, sofern nicht rasch ein Arzt zur Stelle ist.*

Die am meisten unterschätzte und deshalb größte Gefahr ist die Unterkühlung (Hypothermia), die unter Wanderern die meisten Opfer fordert. Am gefährlichsten ist dabei nicht starker Frost, sondern Nässe und Wind – oft kombiniert mit Erschöpfung und ungeeigneter Ausrüstung.

Da startet man bei sonnigem Wetter zu einer einfachen Tageswanderung – steht dann ganz plötzlich in der Dämmerung und hat die Hütte noch nicht erreicht. Die Kleider sind verschwitzt, man ist erschöpft, Wind kommt auf, und womöglich beginnt es auch noch zu regnen. Den Schlafsack hat man nicht dabei, weil man ja in der Hütte schlafen wollte, Brennholz gibt es keins oder man ist nicht dazu in der Lage, ein Feuer zu machen. Was nun?! An Hypothermia hat keiner gedacht. Jetzt ist sie akut. Eine lange Winternacht unter diesen Bedingungen kann den sicheren Tod bedeuten – gerade auf einer scheinbar harmlosen Tour, wenn man nicht darauf vorbereitet ist.

Verhalten des Körpers bei Kälte

Kerntemperatur: *Temperatur der Organe in Rumpf und Kopf*

Verliert der Körper Wärme, muss er Energie erzeugen oder zugeführt bekommen, um die ↗Kerntemperatur konstant zu halten. Verliert er sie schneller, als er sie ersetzen kann, so sinkt seine Durchschnittstemperatur unter den Sollwert. Um dennoch die lebenswichtige Kerntemperatur zu erhalten, drosselt der Körper die Blut- und somit Wärmezufuhr zu den Extremitäten, die tiefere Temperaturen vertragen. Kalte Hände und Füße sind die ersten Anzeichen einer Unterkühlung. Man sollte sie auf keinen Fall ignorieren! Aber sie müssen nicht die Ursache des Frierens sein. Es nützt nicht viel, sie in Fäustlinge und Wollsocken zu stopfen, solange der Rumpf in einem nassen Baumwollhemd steckt oder der Kopf ungeschützt ist. Daher die alte Weisheit: „Eine Mütze aufsetzen, wenn man kalte Füße hat!"

Erst wenn der Wärmeverlust weitergeht, beginnt auch die Kerntemperatur zu sinken und die Funktion lebenswichtiger Organe wird beeinträchtigt. Reagiert man sofort, sind die Auswirkungen meist schnell zu beheben.

Stadien körperlicher Auskühlung und ihre Symptome

1. Stadium: Kerntemperatur unter 37 °C

36 °C

- Kältegefühl, Frieren
- Finger und Zehen werden zunehmend gefühllos (verminderte Blutzufuhr)
- Bewegungen werden ungelenk
- starkes, unkontrollierbares Zittern
- Müdigkeit

35 °C

- Finger und Zehen sind gefühllos gegen Kälte und Schmerz
- Muskeln werden steif und Bewegungen unkoordiniert

2. Stadium: Kerntemperatur unter 34 °C

- geistige Verwirrtheit, Gedächtnisstörungen
- Unvermögen, die Situation einzuschätzen
- verwirrtes Reden, verminderte Ansprechbarkeit
- starkes Verlangen nach Schlaf
- Zittern kann aufhören
- Verlust des Kontaktes zur Realität

3. Stadium: Kerntemperatur unter 30 °C

- Halluzinationen, Benommenheit
- Puls und Atmung verlangsamt und schwach
- Bewusstlosigkeit

4. Stadium: Kerntemperatur unter 28 °C

- Verlust der Reflexe
- Herzrhythmusstörungen
- Herzstillstand, Lähmung des Atemzentrums, Tod

Windgeschwindigkeit km/h	*Temperatur (°C)*										
0	+4	+2	-1	-4	-7	-9	-12	-15	-16	-20	-23
	Entsprechende Temperatur										
8	+2	-1	-4	-7	-9	-12	-15	-16	-20	-23	-26
16	-1	-7	-9	-12	-15	-16	-23	-26	-29	-32	-37
24	-4	-9	-12	-16	-20	-23	-29	-32	-34	-40	-43
36	-7	-12	-15	-16	-23	-26	-32	-34	-37	-43	-46
40	-9	-12	-16	-20	-26	-29	-34	-37	-43	-46	-51
48	-12	-15	-16	-23	-29	-32	-34	-40	-46	-48	-54
56	-12	-15	-20	-23	-29	-34	-37	-40	-46	-51	-54
64	-12	-16	-20	-26	-29	-34	-37	-43	-48	-51	-57
	Geringe Gefahr: Windgeschwindigkeiten über 64 km/h haben geringe zusätzliche Wirkung					***Zunehmende Gefahr:*** Fleisch kann innerhalb von einer Minute gefrieren					

Wind Chill Faktor – der Körper kennt kein Celsius

Wind kann den Wärmeverlust enorm beschleunigen. Deshalb ist der Wind Chill Faktor (Auskühlfaktor) wesentlich für die tatsächliche Auskühlung des Körpers! Was aber ist der Unterschied zwischen „wirklicher" und „wirkender" Temperatur? Ganz einfach: der Körper kann kein Thermometer lesen. Er merkt nur, wie rasch er Wärme verliert. Da dies bei 0 °C und einer Windgeschwindigkeit von 60 km/h genauso schnell geht wie bei –20 °C und Windstille, empfindet er beide Situationen als identisch, obwohl die Lufttemperatur sich objektiv um 20 Grad unterscheidet.

Windchill-Tabelle

-26	-29	-32	-34	-37	-40	-43	-46	-48	-51
-29	-32	-34	-37	-40	-43	-46	-48	-54	-57
-40	-43	-46	-51	-54	-57	-59	-62	-68	-71
-46	-51	-54	-57	-62	-65	-68	-73	-76	-79
-51	-54	-59	-62	-65	-71	-73	-79	-82	-84
-54	-59	-62	-68	-71	-76	-79	-84	-87	-93
-57	-62	-65	-71	-73	-79	-82	-85	-90	-96
-59	-62	-68	-73	-76	-82	-84	-90	-93	-98
-59	-65	-71	-73	-79	-82	-85	-90	-96	-101

Große Gefahr: Fleisch kann innerhalb von 30 Sekunden gefrieren

Tabelle nach: „Temperature and wind chill chart", Kanadisches Forstamt

Vermeiden von Unterkühlung

Das Auskühlen hat verschiedene Ursachen und kann durch entsprechende Maßnahmen eingeschränkt werden. Die einzelnen Ursachen und Maßnahmen sind im Kapitel „Winterkleidung" beschrieben. Hier nur ein Überblick:

Wärmeverlust durch:	**Gegenmaßnahmen:**
● *Wind*	*windfeste Kleidung, Zelt/Windschutz, geschützte Lage (z.B. Wald)*
● *Abstrahlung*	*Kleidung, Kopfbedeckung, Schutzdach, Rettungsdecke*
● *Leitung*	*gute Stiefel, trockene Kleidung, Fleece-Schicht, Isomatte, Unterlage aus Zweigen*
● *Nässe, Verdunstung*	*Thermowäsche, trockene Kleidung, Schal vor Mund und Nase*
● *Erschöpfung, Müdigkeit*	*Überanstrengung vermeiden, Kräfte einteilen, richtig und ausreichend ernähren, für guten Schlaf sorgen*

Energienachschub

Gute Kleidung kann den Wärmeverlust reduzieren, aber nicht völlig aufheben. Deshalb ist regelmäßige Energiezufuhr wichtig. Der dritte Punkt zur Vermeidung von Unterkühlungen (neben dem Erkennen der Symptome und dem Schutz vor Wärmeverlust) ist daher die Energieversorgung, sprich: das Essen. Dabei kommt es nicht nur auf die Kalorienmenge an, sondern auch auf die richtige Zusammensetzung (siehe „Proviant"). Bei Unterkühlung helfen heiße, gesüßte Getränke, Suppen und zuckerhaltige Snacks, rasch Wärme zuzuführen.

Weitere Unterkühlungs-Faktoren

Erschöpfung und Müdigkeit beschleunigen das Auskühlen erheblich. Man sollte daher stets ausreichend schlafen, Überanstrengung vermeiden und die Kräfte einteilen. Das ist schon bei der Etappen-Planung zu berücksichtigen. Wenn man in geschwächtem Zustand friert, ist es besser, Wärme zuzuführen (Feuer, Nahrung, heiße Getränke), als sich durch Aktivität aufzuwärmen. Kurzfristig ist dies gelegentlich erforderlich, aber längerfristig besteht das Risiko, dass man durch Erschöpfung um so schneller auskühlt.

Übermüdung unbedingt vermeiden. Haben Sie keine Angst davor, im Schnee zu schlafen. Solange man nicht bereits mit den Zähnen klappert, ist das keineswegs gefährlich. Sinkt die Körpertemperatur, so werden Sie zwangsläufig aufwachen. Es besteht keinerlei Gefahr, im Schlaf zu erfrieren. Wenn die Unterkühlung aber bereits eingesetzt oder gar das zweite Stadium erreicht hat, darf man **keinesfalls einschlafen,** ohne sich vorher aufgewärmt zu haben. Sonst hat man tatsächlich gute Chancen, nie wieder aufstehen zu müssen!

Alkohol meiden!

Von Alkohol ist dringend abzuraten, wenn man friert! Im Moment tut ein kräftiger Schluck Rum sicher gut und scheint zu wärmen. Da Alkohol jedoch Gefäße und Poren erweitert, beschleunigt er den Wärmeverlust. Das soll nicht bedeuten, dass ich Ihnen den Schuß Rum im abendlichen Tee madig machen will. Bei drohender Unterkühlung sollte man jedoch darauf verzichten.

Behandlung von Unterkühlung

Auf die ersten Anzeichen sofort mit den richtigen Maßnahmen reagieren! Den „harten Burschen" raushängen zu wollen, gefährdet nicht nur den Betroffenen selbst, sondern auch seine Kameraden. Denn je weiter die Unterkühlung fortgeschritten ist, desto schwieriger wird ihre Bekämpfung.

Spätestens wenn das Zähneklappern unkontrollierbar wird, ist es höchste Zeit zu handeln. Befindet sich der Betroffene bereits **im zweiten Stadium,** so kann ihm Schutz vor Wärmeverlust allein nicht mehr helfen. Dann muss Wärme zugeführt werden. Ist er noch bei Bewußtsein, gibt man ihm heiße, stark gesüßte Getränke. Proteinreiche Lebensmittel, wie Käse, Fleisch, Nüsse u.ä., sind in dieser Situation zu vermeiden, da ihre Verdauung viel Energie verbraucht.

Ist der Unterkühlte benommen, so versucht man, ihn wach zu halten, um ihm heiße Getränke oder Suppe einflößen zu können. Das hilft schneller als Wärmezufuhr von außen, da die Wärme von innen direkt die Kerntemperatur erhöht.

Ist es nicht möglich, rasch ein Feuer zu machen, so steckt man den Betroffenen in einen **Schlafsack.** Eine Flasche mit heißem Wasser oder angewärmte Steine (in einen Pullover gewickelt) sorgen für zusätzliche Wärmezufuhr. Noch besser ist der **Haut-zu-Haut-Kontakt** mit einer anderen Person im Schlafsack.

Erfrierungen

Erfrierungen können, müssen aber nicht eine Folge der Unterkühlung sein. Sie treten bei Temperaturen um oder deutlich unter 0 °C auf, wenn Extremitäten oder Gesicht so stark unterkühlt werden, dass es zu Schädigungen des Gewebes kommt. Das Erfrierungsrisiko steigt drastisch, wenn der Körper zur Wahrung der Kerntemperatur die Blutzufuhr zu den Extremitäten drosselt. Bei starker Unterkühlung können Erfrierungen sogar bei Plusgraden vorkommen. Einmal erfrorene Partien sind danach lebenslang empfindlicher.

Grade der Erfrierung

Nach der Schwere des Gewebeschadens unterscheidet man vier Grade:

1. Grad

Die Haut wird durch Gefäßverengung und mangelnde Durchblutung weiß, kalt und gefühllos. Die Schäden sind nur oberflächlich. Bei Erwärmung weiten sich die Gefäße, und die betroffenen Stellen färben sich durch Blutüberfüllung bläulich-rot. Die Folgen ähneln einem leichten Sonnenbrand: Die Haut kann sich abschälen, aber sie erhält ihre Empfindlichkeit zurück, und es bleiben keine Dauerschäden zurück.

2. Grad

Die Gefäßwände werden geschädigt und für Blutflüssigkeit (Plasma) durchlässig. Die oberste Hautschicht hebt sich ab, und es kommt zu Schwellungen und Blasen wie bei einer Verbrennung. Auch bei diesem Schädigungsgrad besteht noch Aussicht auf eine vollkommene Regeneration. Lokale Durchblutungsstörungen können jedoch schon bei Erfrierungen 1. und 2. Grades zurückbleiben.

3. Grad

Anhaltende Lähmungen der Gefäße führen zum Ausfall der Blutversorgung. Das Blut zerfällt und tritt in das Gewebe ein, das sich dunkelblau bis schwärzlich färbt. Die Haut und das darunterliegende (subkutane) Gewebe sterben ab und müssen möglichst bald entfernt werden, um lebensgefährliche Folgeschäden zu verhindern.

4. Grad

Durch regelrechtes Gefrieren der Flüssigkeit in Haut, Muskelpartien oder sogar Knochen wird das

Gewebe tiefgreifend zerstört. Es bleibt auch beim Erwärmen schwarz, leblos und kalt und muss amputiert werden.

Daneben besteht bei allen Erfrierungen 3. und 4. Grades die Gefahr einer schweren Infektion.

Risikofaktoren

Das Risiko einer Erfrierung steigt bei **Unterkühlung** ganz erheblich. Alle in den Abschnitten über Wärmeverlust dargelegten Faktoren (siehe Kapitel „Winterkleidung" und „Unterkühlung") müssen berücksichtigt werden. Weitere Faktoren sind **enge Kleidung, Flüssigkeitsmangel** und **Nikotin,** da sie die Blutzirkulation hemmen – also die „Warmwasserheizung" des Körpers drosseln.

Erfrierungen ersten Grades kann man sofort bekommen, wenn man bei Frost **Metallteile** an Packrahmen, Skibindung etc. mit bloßer Haut berührt. Aufgrund der hohen Wärmeleitfähigkeit von Metall wird man buchstäblich in Sekundenschnelle daran festfrieren. Es kann dann helfen, wenn man die betroffene Stelle anhaucht. Reiß man die Finger einfach los, passiert meist auch nichts, aber die Haut könnte beschädigt werden. Ähnlich hoch ist das Risiko durch **leichtflüchtige Flüssigkeiten** (Benzin, Spiritus), z.B. beim Umfüllen in den Kocher.

Je weiter ein Körperteil vom Herz (Wärmepumpe) entfernt ist, desto höher ist die Wahrscheinlichkeit einer Erfrierung. Am häufigsten betroffen sind daher Finger und Zehen sowie Nase, Wangen und Ohren. Bei extrem tiefen Temperaturen (unter –30 °C) sind auch **Erfrierungen der Lunge** möglich. Dann muss man darauf achten, dass man nicht zu schnell atmet (dazu Anstrengung gering halten), nicht durch den Mund atmet und ggf. einen Schal o.ä. vor Mund und Nase trägt, um die Atemluft vorzuwärmen.

Noch gefährlicher als die Erfrierungen selbst sind oft ihre **Folgen**. Selbst leichte Erfrierungen können dann lebensgefährlich werden. Sind die Hände betroffen, wird es schwierig oder unmöglich, ein Feuer anzuzünden, rasch das Zelt aufzustellen oder auch nur den Rucksack zu öffnen. Erfrierungen an den Füßen können das Gehen beeinträchtigen oder unmöglich machen.

Richtiges Verhalten bei Erfrierungen

Anzeichen erkennen

Ein bloßes Kältegefühl in Zehen, Fingern oder Gesicht wird fast immer ignoriert, da es zum Alltag von Wintertouren gehört. Aber spätestens, wenn die betroffenen Stellen gefühllos werden, sollte man sofort reagieren. Nur: Gefühllosigkeit zeichnet sich eben dadurch aus, dass man sie nicht fühlt! An Füßen und Zehen bemerkt man sie beim Gehen, an den Händen und Fingern, wenn man etwas anfaßt, am Gesicht und den Ohren hingegen oft gar nicht. Bei Kälte und Wind daher regelmäßig **Gesichtsgymnastik** machen (Grimassen schneiden) und die **Ohren massieren**.

Solange die Haut noch nicht gefühllos ist, ist sie auch nicht ernsthaft erfroren. Die betroffenen Stellen können zwar schmerzen, doch das ist nur ein Zeichen dafür, dass sie noch leben. Sind sie bereits gefühllos, müssen sie noch nicht erfroren sein, aber sie können dann in kurzer Zeit und ohne weitere Warnzeichen erfrieren.

Maßnahmen bei Erfrierungen 1. und 2. Grades

Durch kräftiges Reiben, Stampfen, Händeklatschen und indem man die Arme gegen den Rumpf schlägt oder schnell kreisend bewegt, kann man die **Blutzirkulation anregen.** Das zurückströmende Blut kann zu stechenden Schmerzen führen. Es wäre jedoch fatal, sich dadurch von der weiteren Behandlung abhalten zu lassen – sie ist die einzige Möglichkeit, das Gewebe vor dem Absterben zu retten!

Außer durch Ankurbeln der Blutzirkulation kann man **die Hände wärmen,** indem man sie unter der Kleidung auf die Haut legt oder in die Achselhöhlen steckt. Die Füße kann man wärmen, indem man die Stiefel auszieht und die bloßen Hände unter den Socken über die Zehen legt. (Ohne Windschutz bzw. Feuer kann dies die Auskühlung aber auch beschleunigen!) Noch wirksamer ist es, wenn man die bloßen Füße unter dem Pullover eines Freundes auf dessen nackten Bauch stellt. Dann zeigt sich, wer ein „wahrer Freund" ist!

Spätestens wenn betroffene Stellen empfindungslos werden, sollte man Windschutz suchen, ein Feuer machen und den **ganzen Körper aufwärmen** (s.o. „Unterkühlung"), damit die Blutzufuhr wieder angeregt wird. Viele schwere Erfrierungen könnten so vermieden werden.

Schieben Sie die Behandlung nie auf! Auch nicht, wenn in der Nähe eine Hütte lockt. Die Schäden könnten bis dahin schwere Ausmaße angenommen haben, und es könnte sein, dass Sie die Hütte gar nicht erreichen! Nie mit erfrorenen Zehen oder Füßen weitergehen!

Maßnahmen bei Erfrierungen 2. und 3. Grades

Gewebeteile mit Erfrierungen 2. und 3. Grades dürfen **nicht mehr durch Reiben, Massieren oder Klopfen behandelt** werden. Die Eiskristalle im Gewebe können sonst die Zellen zerstören, Haut und Muskeln können einreißen, Verletzungen und erhöhte Infektionsgefahr wären die Folge. Auch nicht direkt am Feuer erwärmen! Da die Stellen völlig gefühllos sind, ist das Risiko einer Verbrennung zu groß. Außerdem dürfen schwere Erfrierungen **nicht**

zu rasch erwärmt werden. Sonst kann es zu Gefäßverkrampfungen, Sauerstoffmangel in den Zellen und zu einem Kreislaufkollaps kommen. Oder das kalte Blut aus den Extremitäten strömt in den Rumpf und senkt die Kerntemperatur unter den kritischen Wert.

Am besten den Körper in einem **lauwarmen Wasserbad** (30-35 °C) erwärmen. Ist das Wasser weniger warm, lässt sich das Fortschreiten der Erfrierung nicht rasch genug stoppen, bei höherer Temperatur kann das Gewebe zu schnell erwärmt werden. Abkühlendes Wasser ständig durch warmes ersetzen. Kann man kein Wasserbad herrichten, muss man auf **Haut-zu-Haut-Kontakt** oder Wärmflasche (s.o.) zurückgreifen.

Bei allen Erfrierungen 3. und 4. Grades muss die betroffene Person so schnell wie möglich in **ärztliche Behandlung.** Wenn begründete Aussicht besteht, innerhalb weniger Stunden medizinische Hilfe zu erreichen, kann man ausnahmsweise nur rasch für Schutz sorgen (trockene oder zusätzliche Handschuhe, Socken etc.), um möglichst schnell zum Arzt zu gelangen.

Lawinengefahr

Im Gegensatz zur Hypothermia ist die Gefährlichkeit von Lawinen allgemein bekannt. Trotzdem wird die **Gefahr immer wieder ignoriert,** wie zahlreiche Lawinenunfälle beweisen. Nach starken Schneefällen, bei Wind und Tauwetter ist die Gefahr am größten. Selbst im Sommer habe ich es auf dem Chilkoot Trail erlebt, dass dicht hinter uns eine Lawine niederging, die den ganzen Pfad verschüttete.

In bewaldeten Regionen im Mittelgebirge kann man ruhig schlafen. Wer aber in alpinen Regionen nahe und **oberhalb der Baumgrenze** unterwegs ist, sollte sich unbedingt vorher informieren und keinerlei Risiko eingehen! **Gefährdete Hänge sind zu meiden** – auch wenn es Umwege oder das Abbrechen der Tour bedeutet.

Erkennen der Lawinengefahr

Der erste und entscheidende Schritt, besteht darin, gefährdete Hänge zu erkennen und zu meiden:

Vor dem Aufbruch bei Lawinendiensten, Bergwacht oder Skiverbänden über die Lage informieren und die Hinweise unterwegs beachten! Da die Verhältnisse sich rasch ändern können, sollte man auch unterwegs bei Hüttenwirten, Bergführern etc. fragen. Adressen der Lawinenwarndienste siehe hinten.

Meiden Sie Zonen, in denen Lawinen ausgelöst werden könnten. Die meisten Opfer haben ihre Lawine selbst ausgelöst! Gefahr besteht an offenen Hängen, verstärkt durch eine bestimmte Hangneigung oder Lage.

Relativ sicher sind dicht bewaldete Hänge, da die Bäume dem Schnee Halt geben. Außerdem sind sie ein Zeichen dafür, dass dort längere Zeit keine schweren Lawinen niedergegangen sind. An locker bewaldeten Hängen oder in Wäldern unterhalb offener Hänge können Lawinen jedoch durchaus vorkommen!

Kahle Schneisen kennzeichnen Stellen, an denen häufig Lawinen niedergehen.

Am sichersten sind Bergrücken – am gefährlichsten kahle, steile Hänge!

Die Europäische Lawinen-Gefahrenskala

- ***Gefahrenstufe 1 = geringe Gefahr:***
  Die Schneedecke ist allgemein gut verfestigt und stabil.
  Allgemein sichere Tourenverhältnisse.
- ***Gefahrenstufe 2 = mäßige Gefahr:***
  Die Schneedecke ist an einigen Steilhängen nur mäßig verfestigt, ansonsten allgemein gut verfestigt.
  Unter Berücksichtigung lokaler Gefahrenstellen günstige Tourenverhältnisse.
- ***Gefahrenstufe 3 = erhebliche Gefahr***
  Die Schneedecke ist an vielen Steilhängen mäßig bis schwach verfestigt.
  Skitouren erfordern lawinenkundliches Beurteilungsvermögen.
  Die Tourenmöglichkeiten sind eingeschränkt.
- ***Gefahrenstufe 4 = große Gefahr***
  Die Schneedecke ist an den meisten Steilhängen schwach verfestigt.
  Skitouren erfordern lawinenkundliches Beurteilungsvermögen.
  Die Tourenmöglichkeiten sind stark eingeschränkt.
- ***Gefahrenstufe 5 = sehr große Gefahr***
  Die Schneedecke ist allgemein schwach verfestigt und weitgehend instabil.
  Skitouren sind allgemein nicht möglich.

831ww

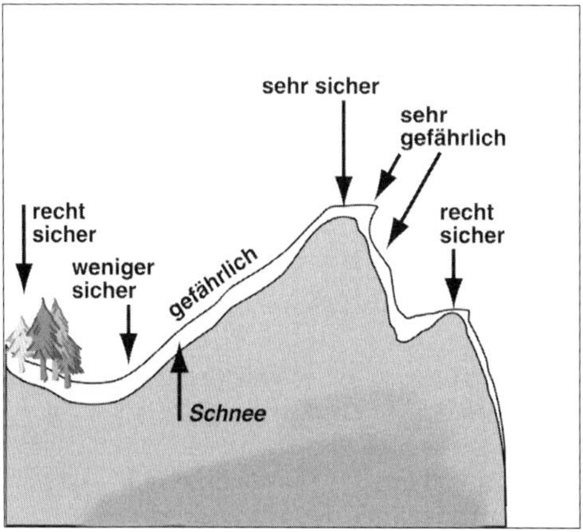

Lawinenrisiko in verschiedenen Lagen

Besonders gefährdet sind Hänge auf der windabgewandten Seite eines Berges, da sich an der Leeseite des Kammes Überhänge bilden, die abbrechen und Lawinen auslösen können.

Talsohlen in breiten U-Tälern (nicht in engen V-Tälern!) sind vergleichsweise sicher, sofern die Hänge nicht sehr hoch sind. Je steiler und höher der Hang, desto größeren Abstand muss man halten.

Die meisten gefährlichen Lawinen lösen sich an Hängen mit Gefällen zwischen 30° und 50°. Bei einer Neigung ab 50° besteht permanent hohe Lawinengefahr. Bis zu einer Hangneigung von 30° sind Lawinen selten. Bei Stufe 5 der Lawinenwarnskala kann aber sogar ein Hang mit 30° Gefälle bereits gefährdet sein.

Während und kurz nach starkem Wind ist die Lawinengefahr überall drastisch erhöht, besonders an der Leeseite der Berge. Am besten man wartet dann an einem sicheren Ort bis 24 Stunden nach dem Sturm. Je tiefer die Temperatur, desto länger dauert es, bis das Risiko wieder abnimmt (außerdem gelten die gleichen Maßnahmen wie bei Tauwetter, siehe unten).

Besonders gefährdet sind in Europa nach Nordosten gerichtete Hänge. Tiefere Temperaturen an der Schattenseite verzögern die Verfestigung des Schnees, durch Reifbildung entsteht eine Gleitfläche und durch die bei uns vorherrschende Windrichtung wird dort am meisten Treibschnee abgelagert. Fast 90 %

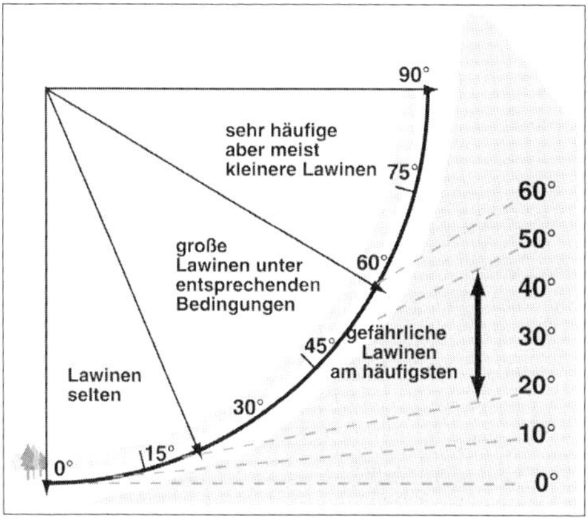

Hangneigung und Lawinenrisiko

aller Lawinenunfälle passieren an nach Norden bis Osten gerichteten Hängen.

Neuschnee auf verharschtem Altschnee erhöht das Risiko, da die Oberfläche keinen Halt gibt.

Starke Schneefälle (ab 3 cm pro Stunde) und lang anhaltende Schneefälle (mehr als 25-30 cm) erhöhen das Risiko erheblich – je nach Temperatur für einige Stunden oder Tage.

Temperaturanstieg und Tauwetter bedeuten höchste Lawinengefahr! Der Schnee wird nass und beginnt durch den Druck zu rutschen. Bei Tauwetter von 24 Stunden und länger besteht Lawinengefahr an allen Hängen ab 20° aufwärts. Höchste Vorsicht ist geboten! Tour abbrechen und nur auf sichersten Routen zurückkehren oder am nächsten sicheren Ort abwarten, bis die Gefahr vorbei ist.

Schneeprofil und Rutschkeil

Eine bisher empfohlene Methode, das Schneebrett-Risiko abzuschätzen, ist das sogenannte Schneeprofil in Verbindung mit einem Rutschkeil. Es erfordert jedoch einige Erfahrung. Dringend zu empfehlen ist daher ein Kurs zur Lawinensicherheit, z.B. beim Alpenverein.
Mit der Schneeschaufel hebt man eine Grube bis zum festen Boden aus und lässt dabei am oberen Rand einen Schneekeil stehen. Dann schneidet man mit einem Finger von oben nach unten durch den Rand des Profils, um feste und lockere Schneeschichten zu erkennen. Eine verfestigte über einer lockeren Schicht (insbesondere aus Raureif, erkennbar an nadelförmigen Kristallen) oder über Harsch bedeutet erhöhte Schneebrettgefahr. Schließlich stechen Sie mit einem Ski oder der Schaufel am oberen Rand des Testkeils langsam ein. Je leichter der Keil abbricht, desto höher ist die Schneebrettgefahr.
Da sich gerade bei erhöhtem Risiko die Schneeverhältnisse jedoch auf wenigen Metern oft grundlegend unterscheiden, besteht die Gefahr, dass diese Methode eine falsche Sicherheit vortäuscht. Sie sollte daher unbedingt ergänzt werden durch die von Werner Munter entwickelte 3x3 Formel und die Reduktionsmethode zur Abschätzung des Restrisikos, die davon ausgehen, dass es keine Sicherheit gibt, sondern nur ein kalkulierbares Risiko (siehe Exkurs S. 120).

Buchtipp: Eine ausführliche Darstellung der 3x3 Formel (Filter), der Reduktionsmethode und eine Fülle weiterer hervorragender Informationen zum Thema Lawinen und Lawinensicherheit finden sich in dem sehr empfehlenswerten Buch „3x3 Lawinen“ von Werner Munter (siehe Anhang).

Das Risiko von einer Lawine getötet zu werden ist um so größer, je nasser der Schnee ist. Aus einer Pulverschneelawine kann man sich mit Glück retten oder lebend geborgen werden, aber in einer Nassschneelawine hat man kaum eine Chance. Sie kann ganze Wälder wegfegen!

Auch starker Temperaturrückgang kann das Risiko erhöhen, da er die Struktur des Schnees verändert, dessen Halt lockert und zu Spannungen führt. Das Risiko wird jedoch nicht so stark erhöht wie bei Tauwetter.

Lawinenverhältnisse können sich rasch ändern. Frische Spuren an einem Hang sind keine Garantie für Sicherheit.

Bei der Auswahl der Rast- und Übernachtungsplätze ist auf größtmögliche Sicherheit zu achten. Auch an Stellen mit mäßigem Risiko wächst die Gefahr erheblich, wenn man sich dort länger aufhält!

Als „sicher" ausgewiesene Routen nie verlassen!

In gefährdeten Regionen niemals allein wandern!

Größere Gruppen am Hang weit auseinanderziehen.

Zusätzliche Sicherheit: Lawinenseil und Suchgeräte

Vorab: Diese Hilfsmittel dürfen keinesfalls zu einem falschen Sicherheitsgefühl oder erhöhter Risikobereitschaft führen! Sie sollen zusätzliche Sicherheit bieten, falls trotz aller Vorsichtsmaßnahmen etwas passiert. Sie können nur die Chance einer Bergung erhöhen – aber **sie verringern nicht das Lawinenrisiko!** Besonders bei Nassschnee ist ihr Nutzen gering, da das Opfer meist tot ist, ehe die Lawine zum Stillstand kommt.

3x3 Formel und Reduktionsmethode
(entwickelt von Werner Munter, siehe Literaturhinweise)

Da gerade bei erhöhter Lawinengefahr die Schneefestigkeit eines Hangs lokal extrem variieren kann (innerhalb weniger Meter!), gibt es keine repräsentativen Teilflächen, und die Resultate der analytischen Methoden (Schneeprofil, Rutschkeil, s.o.) können daher nicht auf den gesamten Hang übertragen werden! Zur Beurteilung des Risikos sollte man deshalb die klassische Beurteilung (3x3 Formel) durch Werner Munters Reduktionsmethode (Wahrscheinlichkeitsabschätzung) ergänzen.

3x3 Formel
In drei Filtern (auf den drei geographischen Ebenen „Gebiet“, „Blickfeld“ und „Einzelhang“) werden – vor und während der Tour – die drei Kriterien “Wetter und Schnee”, “Gelände” und “Mensch” überprüft. Wenn sich auf allen drei Ebenen ein geringes Risiko ergibt und bei der Reduktionsmethode (s.u.) ein Wert kleiner als 1, kann das Restrisiko als akzeptabel gelten. Eine Sicherheitsgarantie gibt es jedoch nicht.

Reduktionsmethode
Um das Restrisiko abzuschätzen, wird das Gefahrenpotenzial der Region (gemäß Lawinenlagebericht) oder des Tourengebiets (gemäß eigener Einschätzung) durch den Reduktionsfaktor (RF) geteilt. Können mehrere Reduktionsfaktoren in Ansatz gebracht werden, wird ihr Produkt in die Formel eingefügt. Das Ergebnis sollte nicht größer als 1 sein!

Restrisiko = Gefahrenpotenzial / (RF x RF) < 1

Gefahrenstufe laut Lawinenlagebericht	*Gefahrenpotenzial*	
Gering	*2*	*(1-3)*
Mäßig	*4*	*(3-6)*
Erheblich	*8*	*(6-12)*
Groß	*16*	*(12-25)*

Beachten Sie:

- *Stets die Gefahrenstufe der ungünstigsten Hanglagen zugrunde legen (also bei „Erheblich" für Nordhänge und „Mäßig" für Südhänge gilt Potenzial 8!)*
- *Bei der lokalen Einschätzung des Gefahrenpotenzials können Zwischenwerte geschätzt werden*

Reduktionsfaktoren:

Nr.	***Gegebenheit***	***Faktor***	***Bewertung***
1.	*Neigung der steilsten Hangpartie 35-39°*	*RF 2*	*erstklassig*
2.	*Neigung der steilsten Hangpartie 30-34°*	*RF 4*	
3.	*Verzicht auf Sektor Nord (NW bis NE)*	*RF 2*	*zweitklassig*
4.	*Verzicht auf nördliche Hälfte (WNW bis ESE)*	*RF 3*	
5.	*Verzicht auf alle kritischen Hang-/Höhenlagen*	*RF 4*	
6.	*ständig befahrene Hänge (nicht bei Nassschnee)*	*RF 2*	*drittklassig*
7.	*große Gruppen mit Entlastungsabständen*	*RF 2*	
8.	*kleine Gruppen (2-4 Personen)*	*RF 2*	
9.	*kleine Gruppen mit Abständen*	*RF 3*	

Beachten Sie:

- *Bei „erheblicher" Lawinengefahr laut Lagebericht muss ein erstklassiger Reduktionsfaktor gewählt werden!*
- *Sind alle Expositionen gefährlich (z.B. Überschreiten kritischer Neuschneemengen), entfallen die Reduktionsfaktoren Nr. 3 bis 5*
- *Bei „großer" Lawinengefahr laut Lagebericht: Beschränkung auf Hänge unter 30°!*
- *Obige Reduktionsfaktoren gelten nur für die Alpen und müssen anderen Regionen gegebenenfalls angepasst werden*
- *Geländeform, Kammnähe, Höhenlage und Hanggröße bleiben bei der Reduktionsmethode außer Betracht; sie werden bei der 3x3 Formel berücksichtigt. Am ersten schönen Tag nach kritischen Neuschneemengen nicht an die äußerste Grenze gehen!*
- *„Ständig befahren" heißt: zahlreiche Spuren nach jedem Neuschneefall auch in der Anrisszone. Achtung: Knapp außerhalb der Spuren kann es bereits gefährlich sein!*

Lawinensuchgerät

Ein Lawinensuch- oder Peilgerät ist eine kleine, batteriebetriebene Sender-Empfänger-Kombination, ähnlich einem einfachen Funkgerät. Es ist kaum größer als eine Zigarettenschachtel, und man kann damit einen Verschütteten bis auf ca. 100 m Entfernung innerhalb von etwa fünf Minuten lokalisieren, was seine Überlebenschancen beträchtlich erhöht. Das Gerät wird – **auf Senden geschaltet!** – dicht am Körper in einer Innentasche getragen, um die Batterie zu schützen und ein Herausfallen während des Unglücks zu verhindern.

Das Gerät strahlt ununterbrochen Peiltöne aus. Wird jemand verschüttet, so schalten alle(!) anderen ihre Geräte sofort auf „Empfang" und versuchen die Richtung, aus der die Töne kommen, festzustellen. Versäumt auch nur einer, sein Gerät sofort umzuschalten, so bringt er die Peilungen aller anderen durcheinander, da ihre Geräte natürlich auch auf seinen Sender reagieren.

Um das **Lawinenopfer zu orten,** geht man in einer geraden Linie so lange vor und zurück, bis man die Stelle ermittelt hat, an der das Signal am lautesten zu hören ist. Vom ermittelten Punkt geht man dann im rechten Winkel zu dieser Linie bis zu der Stelle, an der der Sender wieder am lautesten zu hören ist: Dort müsste der Verschüttete liegen.

Um schnell und sicher arbeiten zu können, ist einige Übung erforderlich, die man sich rechtzeitig vor einer Tour erwerben sollte.

Je mehr Personen gleichzeitig verschüttet sind, desto schwieriger wird die Suche, da sich die Peiltöne gegenseitig überlagern. Um so wichtiger ist es, gefährliche Passagen einzeln oder in großem Abstand zu queren.

Der Umgang mit Lawinensuchgeräten („Pieps") sollte unbedingt **vor dem Einsatz geübt** werden, beispielsweise in einem Kurs zur Lawinensicherheit.

Lawinenseil und -Airbag

Lawinenseile sind leichte, rot gefärbte Seile von etwa 15-20 m Länge. Sie werden am Gürtel befestigt und beim Wandern oder Skilaufen in gefährdeten Regionen hinterhergezogen. Sollte man verschüttet werden, so hat man die Chance, dass ein Teil des Seils sichtbar an der Oberfläche liegt und man dadurch schneller gefunden wird. Diese Seile sind weit billiger als Suchgeräte, aber auch deutlich weniger zuverlässig.

Die neueste Entwicklung sind **Lawinen-Airbags,** die den Träger an der Oberfläche halten und durch ihre Signalfarbe rasch lokalisieren lassen. In Tests haben sie sich bereits bewährt.

Verhalten bei riskanten Passagen

Hundertprozentige Sicherheit gibt es nicht, und nicht immer lässt es sich vermeiden, Hangabschnitte zu überqueren, an denen ein geringes bis mäßiges Risiko besteht.

Lawinengefährdete Hänge niemals allein überqueren!

Zunächst das Risiko abschätzen – aber nicht nur abwägen, ob sich eine Lawine lösen könnte, sondern auch was passieren wird, falls eine Lawine abgeht. Wenn der Hang kurz ist, kann man das Risiko vielleicht verantworten. Ist er hingegen lang, verengt er sich durch Hindernisse oder führt er gar über Steilabfälle und Felsen, so ist das Risiko zu groß.

Mitglieder einer Gruppe sollten gefährdete Abschnitte einzeln passieren, während alle übrigen sie beobachten, um notfalls zu wissen, wo sie suchen müssen.

Tragen Sie ein auf Senden gestelltes Suchgerät oder eine Lawinenschnur (s.o.).

Die Hände aus den Schlaufen der Skistöcke nehmen, die Fangriemen lösen und den Hüftgurt öffnen, um im Notfall alles sofort abwerfen zu können.

Kleidung schließen, Kapuze aufsetzen, Handschuhe anziehen etc. Die Überlebenschancen in einer Lawine sind höher, wenn kein Schnee in die Kleidung eindringen kann.

Zonen, in denen Lawinen ausgelöst werden können, oberhalb oder notfalls unterhalb umgehen.

Natürliche Hindernisse nutzen, die notfalls Schutz bieten, z.B. große Felsblöcke, Vorsprünge, Erhöhungen, Wälle oder Baumgruppen. Skifahrer steuern möglichst hangab von einer „Sicherheitsinsel" zur nächsten.

Verhalten während eines Lawinenabgangs

Laut rufen, um die anderen zu warnen und auf sich aufmerksam zu machen. Können andere das Lawinenopfer im Auge behalten, so sind die Chancen für eine rasche Bergung wesentlich höher.

Skistöcke, Rucksack, Schneeschuhe etc. sofort abwerfen.

Durch kräftige Schwimmbewegungen kann man in Pulverschneelawinen versuchen,

sich an der Oberfläche zu halten und zum Rand vorzuarbeiten. In einer großen Lawine wird das allerdings kaum möglich sein.

Auf Ski kann man sich unter Umständen durch eine schnelle Abfahrt auf eine „Sicherheitsinsel" (s.o.) retten, selbst wenn der Schnee schon in Bewegung ist.

Bieten Büsche oder Bäumchen Halt, so versucht man, sich daran festzuklammern, bis die Lawine vorüber ist. In großen Lawinen ist das kaum möglich.

Gerät man unter die Schneemassen, versucht man mit Händen und Armen den Schnee aus Mund und Nase fernzuhalten und vor dem Gesicht sofort einen Luftraum zu schaffen. Sobald der Schnee sich nicht mehr bewegt, ist er so fest gepackt, dass man förmlich einzementiert ist.

Ist man verschüttet, gilt es Panik zu vermeiden. Jede Anstrengung verbraucht den Luftvorrat schneller und verkürzt dadurch die Überlebensdauer. Reglos und möglichst entspannt auf Hilfe zu warten ist meist das beste - wenngleich das natürlich leichter gesagt als getan ist!

Nur in lockerem, trockenem Schnee kann es möglich sein, sich selbst zu befreien. Stellen Sie aber sicher, dass Sie auch tatsächlich in Richtung Oberfläche graben und nicht nach unten. Durch den ringsum gleichmäßigen Druck verliert man leicht die Orientierung! Läßt man Speichel aus dem Mund laufen, erkennt man an der Fließrichtung, wo unten ist.

Bergung Verschütteter

Befinden Sie sich außerhalb der Gefahrenzone, während jemand verschüttet wird, so liegt es wesentlich an Ihnen, ob er überlebt. Rasches Handeln ist wichtig! Laut Statistik hat ein Verschütteter 50 % Überlebenschancen, wenn er innerhalb einer Stunde geborgen wird. Nach zwei Stunden nehmen die Chancen rapide ab.

Beobachten Sie das Opfer und merken Sie sich den Punkt, an dem Sie es zuletzt gesehen haben.

Weitere Lawinengefahr beachten und nach einem Fluchtweg Ausschau halten.

Die Stelle markieren, an der man das Opfer zuletzt gesehen hat, z.B. mit einem Skistock. Das verkleinert den Bereich, in dem man suchen muss, und beschleunigt die Rettung.

Zunächst rasch die Oberfläche unterhalb der markierten Stelle absuchen (nach Lawinenseil, Rucksack, Ski, Stöcken, Mütze etc.) **und Fundstellen markieren.**

Selbst wenn Sie allein sind, sollten Sie zunächst mit eigenen Mitteln eine Bergung versuchen. Es ist möglich, dass jemand bewusstlos unter einer dünnen Schneedecke liegt und ersticken oder erfrieren würde, bevor Hilfe zur Stelle ist.

Würde es länger als zwei Stunden dauern, bis ein Rettungsteam da ist, sollten sich alle auf die Suche konzentrieren. Sonst kann einer Hilfe holen, und die anderen suchen.

Zunächst am unteren Rand der Lawine sowie in der Nähe von Hindernissen (Felsen, Bäume) mit Hilfe eines Sondenstocks den Schnee absuchen. Stets die Gefahr weiterer Lawinen bedenken.

Suche nach Verschütteten

Danach eine dreieckige Fläche absuchen, deren obere Spitze der Punkt bildet, an dem man das Opfer zuletzt gesehen hat. Mit der Lawinensonde überprüft man systematisch die gesamte Fläche so tief wie möglich und in Abständen von 60-70 cm.

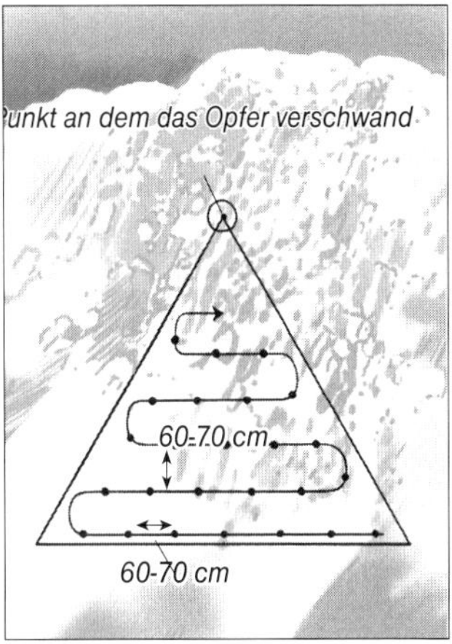

Die Suche sollte so lange wie möglich fortgesetzt werden - selbst nach 24 Stunden wurden Verschüttete noch lebend geborgen.

Erste Hilfe bei Lawinenopfern

Nach einer Bergung kontrollieren Sie sofort die Atmung. Infolge des Sauerstoffmangels kommt es oft nach kurzer Zeit zu einem **Atemstillstand.** Der Betroffene muss dann sofort beatmet werden – sobald der Kopf freigelegt ist. Atmet er noch oder wieder selbständig, muss die Atmung noch über einige Zeit ständig kontrolliert werden.

Opfer, die mehr als einige Minuten verschüttet waren, leiden meist an **Unterkühlung** und bei längerer Dauer an **Erfrierungen.** Die Behandlung erfolgt entsprechend der Ausführungen in den obigen Kapiteln.

Schneeblindheit

Schneeblindheit ist im Grunde nichts anderes als ein Sonnenbrand auf der Bindehaut der Augen. Ursache ist – wie beim Sonnenbrand – die Einwirkung von UV-Licht, besonders wenn die Strahlung von Schnee- oder Eisflächen reflektiert wird. Da die Strahlungsintensität mit der Höhe ansteigt, ist das Risiko um so größer, je höher man steigt.

Symptome von Schneeblindheit

Wie beim Sonnenbrand werden die ersten Symptome einer Schneeblindheit oft erst Stunden nach der Schädigung spürbar: Empfindlichkeit der Augen gegen Licht, Tränenbildung, Kopfschmerzen, kratzendes und/oder brennendes Gefühl beim Blinzeln (als hätte man Sand unter den Lidern), starke Augenschmerzen, Wahrnehmen von Lichtkreisen und schließlich das Nachlassen der Sehkraft bis zum vorübergehenden Erblinden.

Improvisierte Schneebrille

Eine Schneebrille kann man aus Karton, Rinde o.ä. Material improvisieren, in die man schmale Sehschlitze schneidet. Zusätzlich kann man die Haut um die Augen herum mit Ruß einschwärzen. So verkleidet, wird man einen kuriosen Anblick bieten – aber Hauptsache es hilft.

Vermeiden von Schneeblindheit

Da Schneeblindheit ohne warnende Vorzeichen auftritt, sollte man auf Schnee- und Gletscherflächen stets eine **Gletscherbrille tragen** oder zumindest eine gute Sonnenbrille (die tatsächlich UV-Strahlen herausfiltert!) – selbst wenn der Himmel leicht bedeckt ist. Hat man keine geeignete Brille dabei, kann notfalls ein breitkrempiger Hut helfen, den man tief ins Gesicht zieht.

Erste Hilfe bei Schneeblindheit

Schneeblindheit an sich ist meist nicht gefährlich, aber sehr schmerzhaft, und der Verlust der Sehkraft sowie daraus folgende Panik können zu einem erheblichen Risiko führen, besonders natürlich für Einzelwanderer.

Spätestens wenn die Augen empfindlich werden, brennen oder tränen, müssen sie vor weiterem UV-Licht (und vor Licht überhaupt) geschützt werden. Am besten man stellt das Zelt auf und legt sich in den Schlafsack. Bei stärkeren Symptomen evtl. die Augen verbinden. Die Schmerzen können durch kalte Kompressen und Aspirin gelindert werden. Ein Absud von Weidenrinde erfüllt den gleichen Zweck wie Aspirin.

Bei rechtzeitigem UV-Schutz erholt man sich von Schneeblindheit meist innerhalb von 18-24 Stunden, und die Sehkraft kehrt zurück. Wer einmal unter Schneeblindheit gelitten hat, soll später anfälliger dafür sein.

016ww Abb.: rh

Trotz niedrigem Sonnenstand bewirkt die Reflexion auf den Schneeflächen eine starke UV-Strahlung

014ww Abb.: rh

Adressen

Ausrüstungsfirmen
(Auswahl)

• **Ajungilak**
Bargkoppelweg 60
D-22145 Hamburg
Tel.: (040) 6782031, Fax: 6784785
(Hersteller exzellenter Schlafsäcke und Winterkleidung)

• **Bernd Weschle**
Lindenbergstraße 15
78052 Villingen-Schwemmingen
Tel.: (07705) 1303
(Spezialist für Hundeschlitten-Zubehör mit eigener Herstellung und Direktverkauf; ein absoluter Fachmann und Tüftler)

• **Big Pack**
Fabrikstr. 35
D-73266 Bissingen
Tel.: (07023) 9511-0, Fax: 9511-55
(Hersteller und Versand: Kleidung, Rucksäcke, Schlafsäcke, Zelte)

• **Exped**
Hardstraße 81
CH-8004 Zürich
Tel.: (0041) (1) 4933300, Fax: 4935881
Import hochwertiger Ausrüstung; z.B. Sherpa (Schneeschuhe), MSR (Schneeschuhe, Kocher), Moss (Zelte, Tarps), Feathered Friends (Schlafsäcke), OR (Biwaksäcke, Kleidung, Zubehör), LED-Lampen und eigene Produkte (z.B. Biwakzelt)

• **Globetrotter Versand**
Bargkoppelstieg 12
22145 Hamburg
Tel.: (040) 67966179, Fax: 67966186
(Ausrüstungsversand; bietet fast alles für Outdoorzwecke)

•Golde
Riedlstraße 3
D-80538 München
Tel.: (089) 293728, Fax: 2283779
(Hersteller bester Daunen- und Kunstfaserschlafsäcke)

•Klondike-Shop
Aberenstr. 51
CH-8712 Stäfa
(alles für den Schlittensport und Wintercamping)

•Onneken
Postfach 1480
D-61365 Friedrichsdorf
Tel.: (06172) 8061, Fax: 5370
(Import von Silva-Lampen, Kompassen und Thommen-Höhenmessern)

•Relags
Im Grund 6-10,
D-83104 Tuntenhausen
Tel.: (08065) 9039-0, Fax: 9039-35
E-Mail: relags@relags.de
Internet: www.relags.de
(Versand: Outdoorzubehör wie Lampen, Filter, Flaschen, Geschirr, Kochzubehör, Tools, Taschenmesser, Sturmstreichhölzer, Werkzeuge)

•Schlafsack-Laden
Postfach 214
D-72393 Burladingen
Tel.: (07475) 7382, Fax: 7038
E-Mail: schlafsackladen@t-online.de
(Versand und Ladengeschäft und sehr viel Erfahrung im Bereich Schlafsäcke und Thermokleidung)

•Schöffel
Mittelstetterweg 23
D-86830 Schwabmünchen
Tel.: (08232) 50060, Fax: 72787
(Hersteller von Funktions-Jacken und -Hosen, Fleece, Skiunterwäsche)

• **Simpert Reiter**
86156 Augsburg
Tel.: (0821) 2407500
E-Mail: SimReiter@aol.com
Internet: www.travellunch.com
(Travellunch: hervorragende Trockennahrung, Fertiggerichte und Komplettpakete in großer Auswahl)

• **Trangia Scandic Outdoor**
Zum Sportplatz 6
D-21220 Seevetal
Tel.: (04105) 6813-0
(Hersteller von Kochern und Kochgeschirr)

• **Woick GmbH**
Postfach 1343
70774 Filderstadt
Internet: www.woick.de
(460-Seiten-Katalog mit allem für Outdoor, Trekking und Abenteuer – auch viele Bücher und Landkarten)

Ausrüstungs-Infos

• **Allround:** „Ausrüstungs-Handbuch", 14,80 DM (enorm umfassend und detailliert mit hervorragenden Produkt-Infos und 1500 Einzelartikeln inkl. Preisangaben). Zu beziehen über Redaktion Outdoor, s.u.

Die Redakteure der Zeitschrift „Outdoor" verfügen über profunde Sachkenntnisse auf allen Gebieten der Outdoor-Ausrüstung, haben zahlreiche Produkte sehr aufwendig getestet und die Ergebnisse übersichtlich und informativ zusammengestellt. Ein aktuelles Verzeichnis noch lieferbarer Hefte und die Helfte selbst (je 8,50 DM zuzgl. Versandkosten) erhält man vom:

- Rotpunkt Verlag, Redaktion Outdoor,
Postfach 1828
70708 Fellbach.

- **Beleuchtung:** Outdoor 1/95
- **Daunenjacken:** Outdoor 1/95
- **Fleece-Bekleidung:** Outdoor 1/91
- **Fototaschen:** Outdoor 1/94
- **Imprägniermittel:** Outdoor 6/90, 6/95
- **Isomatten:** Outdoor 2/89, 1/93
- **Jacken:** Outdoor 6/91, 2/94, 3/95
- **Kocher:** Outdoor 1/92
- **Mützen, Handschuhe, Gamaschen:** Outdoor 1/94
- **Ponchos:** Outdoor 5/95
- **Rucksäcke:** Outdoor 2/90, 2/93, 3/93, 6/94, 4/95
- **Schlafsäcke:** Outdoor 4/92, 2/95
- **Spiegelkompasse:** Outdoor 2/94
- **Stiefel:** Outdoor 4/90 und 5/93
- **Trekkinghosen:** Outdoor 5/94
- **Trekkingsocken:** Outdoor 6/94
- **Unterwäsche:** Outdoor 6/92
- **Zelte:** Outdoor 4/91, 4/93, 6/93, 3/94, 4/94
- **Zubehör, wie Messer, Ferngläser, Geschirr:** Outdoor 1/93

Hundeschlitten-Touren
(Auswahl)

- **Husky Express**
Box 2044
S-91089 Klimpfjäll
(Tagesfahrten und längere Expeditionen in einem der schönsten und schneesichersten Berggebiete Schwedens)

017ww Abb.: rh

Auf Huskyfahrt im Bayerischen Wald

•Lothar Bussmann
Schneidmühlstr. 26
69207 Sandhausen
Tel.: (06224) 51747
(Hundeschlittenfahrten in Deutschland und Schweden)

•Waldschrats Adventure Company
Thomas Gut, Flanitzmühle 9
94258 Frauenau
(Musher-Schule und Huskyfahrten im Bayerischen Wald)

Lawinenwarndienste

Deutschland

• Bayern:
Tonband (089) 1210-1210
Persönliche Beratung (089) 1210-1555
Faxabruf (089) 1210-1130

Österreich

- **Tirol:**
  Tonband (0043) (512) 1588
  Persönliche Beratung (0043) (512) 581839
  Faxabruf (0043) (512) 581839-81
- **Vorarlberg:**
  Tonband (0043) (5522) 1588
  Persönliche Beratung (0043) (5574) 5114308
- **Salzburg:**
  Tonband (0043) (662) 1588
  Persönliche Beratung (0043) (662) 8042-2170
  Faxabruf (0043) (662) 8042-3033
- **Steiermark:**
  Tonband (0043) (316) 1588
  Persönliche Beratung (0043) (316) 295116
  Faxabruf (0043) (316) 242300
- **Kärnten:**
  Tonband (0043) (463) 1588
  Persönliche Beratung (0043) (463) 5362897
- **Oberösterreich:**
  Tonband (0043) (732) 1588
  Persönliche Beratung (0043) (732) 65842485

Schweiz

Tonband (0041) (1) 187
Persönliche Beratung (0041) (81) 4170111
Faxabruf national (0041) (1) 5733871
Faxabruf Graubünden (0041) (1) 5733876
Faxabruf Zentralschweiz (0041) (1) 5733879

Italien

- **Südtirol:**
  Tonband (0039) (471) 271177
  Persönliche Beratung (0039) (471) 414740
  Faxabruf (0039) (471) 414779

- **Aostatal:**
  Tonband (0039) (165) 31210
- **Trient:**
  Tonband 1678-50077 (*)
- **Friaul:**
  Tonband 1678-60377 (*)
- **Veneto:**
  Tonband 1678-603456 (*)
- **Lombardia:**
  Tonband 1678-37077 (*)
- **Liguria:**
  Tonband (0039) (10) 532049
- **Piemonte:**
  Tonband (0039) (11) 3185555

(*) = nur innerhalb Italiens erreichbar!

Frankreich

Tonband (0033) 78580042

Slowenien

Tonband (0038) (661) 312083

Internet

- **Lawinenlagebericht Bayern:**
  www.lawinenwarndienst.bayern.de/lagebericht.htm
- **Lawinenlagebericht Salzburg:**
  www.land-sbg.gv.at/lawinen/aktuell.htm
- **Süddeutsche Zeitung:**
  www.sueddeutsche.de/wissenschaft/lawine/dossier.htm

Schlittenhunde

• **Deutscher Schlittenhunde Sportverein (DSSV),**
Postfach 1116
67445 Haßloch
Tel.: (06324) 981024
Dort erfährt man Näheres über Schlittenhunde und die Rennen sowie die Adressen der regionalen Schlittenhunde-Vereine.

Schneeschuh-Touren und -Verleih
(Auswahl)

• **Wildnisschule Meridian**
Murzelenstr. 62
CH-8166 Niederweningen
Tel.: (0041) (1) 875 1515, Fax: 875 1520
E-Mail: info@wildnis.ch, Internet: www.wildnis.ch

• **Waldschrats Adventure Company**
Thomas Gut, Flanitzmühle 9
94258 Frauenau
(auch Musher-Schule und Huskyfahrten im Bayerischen Wald)

Adressen

019ww Abb.: rh

◄ *In der Gruppe wechselt man sich beim Spurtreten ab*

- **Montevia**
Am Schwimmbad
83671 Benediktbeuren
E-Mail: montevia@gmx.de
- **Hydroalpin**
Münchner Str. 7
83661 Lenggries
Tel.: (08042) 98531, Fax: 98532,
E-Mail: hydroalpin@t-online.de
Internet: www.hydroalpin.de

Internet

Vereine

- **Deutscher Alpenverein (DAV):**
www.alpenverein.de
- **Club Alpin Français (CAF):**
www.montage-de-france.com
- **Club Alpino Italiano:**
www.racine.ra.it
- **Östereichischer Alpenverein (OeAV):**
www.oeav.at
- **Naturfreunde Österreich (TVN):**
www.naturfreunde.at
- **Schweizer Alpenclub (SAC):**
www.swiss-sport.ch

Wetter

- **Wetterseite des Alpenvereins:**
www.alpenverein.de/pages/wetteract.shtml
- **Deutscher Wetterdienst (DWD):**
www.dwd.de/forecasts/dwfrm.html
- **Wettervorhersage Donnerwetter:**
www.donnerwetter.de

020ww Abb.: rh

Anhang

Literaturtipps

Skitouren

• **„Skitouren – Ausrüstung, Technik, Gefahren"** Christian Schneeweiß und Bernd Ritschel, Bruckmann Verlag, München 1996.

Hervorragend gestaltetes und anschaulich illustriertes Buch, das alle Bereiche des Tourengehens abdeckt: von Ausrüstung und Voraussetzungen, Planung und Ernährung über Wetter und Schneeverhältnisse, Techniken des Aufstiegs und der Abfahrt bis zu Techniken für Skihochtouren und Gefahren. Mit einem exzellenten Lawinen-Kapitel von Werner Munter.

• **„Alpin-Lehrplan 4: Skibergsteigen – Variantenfahren"**, Peter Geyer und Wolfgang Pohl, BLV-Verlagsgesellschaft, München 1997.

Das sehr empfehlenswerte Buch, das zum offiziellen Lehrplan des DAV und zahlreicher anderer Alpinverbände gehört, beschreibt detailliert und hervorragend illustriert die verschiedenen Aufstiegs-, Abfahrts- und Sicherungstechniken und informiert umfassend über die verschiedenen Grundlagen für Skitouren, wie Ausrüstung, Lawinenkunde, Wetter, Biwak, Bergrettung, Tourenplanung, Training und Orientierung.

Lawinen

• **„3x3 Lawinen - Entscheiden in kritischen Situationen"**, Werner Munter, Herausgeber: Agentur Pohl & Schellhammer, Garmisch Partenkirchen 1997.

Schlichtweg *das* Buch zum Thema Lawinenkunde und ein Muss für jeden, der häufiger Wintertouren in alpinen Regionen plant. Mit zahlreichen Fotos, Zeichnungen und Graphiken werden sehr umfassend und informativ alle Aspekte der Lawinenkunde und die modernsten Methoden der Risikoeinschätzung dargestellt. Beigefügt ist ein hervorragendes Merkheft für unterwegs, das auf absolut wasser- und reißfestem Papier alle wichtigen Punkte übersichtlich zusammenfasst.

Hundeschlitten

- **„Wie trainiere ich Schlittenhunde"**, Jim Welsch, Goldrausch Verlag. Die „Musher-Bibel" für alle, die selbst ein Team trainieren wollen.
- **„Trainingslehre für Schlittenhunde"**, Rossi-Mura, Goldrausch Verlag. Ebenfalls für angehende Schlittenhundehalter.
- **„Jenseits des Yukon"**, Crouzet, Müller Rüschlikon Verlag und „Mit Huskies durch Lappland", Björn Klauer, Ruth Gerick Verlag. Interessante Berichte, aus denen man auch viel über Schlittenhunde lernen kann.
- **„Yukon Quest"**, Hampel. Berichtet über eines der längsten und härtesten Schlittenrennen der Welt.

Alle genannten Schlittenhunde-Bücher und weitere Literaturtipps zum Thema Hundeschlitten erhalten Sie vom:

Goldrausch Verlag
Postfach 1211
66271 Kleinblittersdorf,
Tel. (08605) 99099

Praxis – die neuen handlichen Ratgeber

Wer seine Freizeit aktiv verbringt und moderne Abenteuer sucht, braucht spezielles wissen, das in keiner Schule gelehrt wird. REISE KNOW-HOW beantwortet die vielen Fragen rund um Freizeit, Urlaub und Reisen in einer praktischen Ratgeberreihe: „Praxis“.

R. Höh: **Kanu-Handbuch**
ISBN 3-89416-752-1

R. Höh: **Wildnis-Ausrüstung**
ISBN 3-89416-750-5

R. Höh: **Wildnis-Küche**
ISBN 3-89416-751-3

F. Littek: **Fliegen ohne Angst**
ISBN 3-89416-754-8

R. Kuster: **Dschungelwandern**
ISBN 3-89416-759-9

Jens Edelmann:
Vulkane besteigen und erkunden
ISBN 3-89416-764-5

M. Faermann:
Sicher im und auf dem Meer
ISBN 3-89416-758-0

K. Becker:
Tauchen in warmen Gewässern
ISBN 3-89416-760-2

M. Faermann:
Survival Naturkatastrophen
ISBN 3-89416-757-2

M. Faermann:
Gewalt und Kriminalität unterwegs
ISBN 3-89416-756-4

Jeder Titel:
144-160 Seiten, robuste Fadenheftung,
Taschenformat 10,5 x 17 cm,
Register und Griffmarken

Praxis
Fliegen ohne Angst
Praxis
Tauchen in warmen Gewässern
Praxis
Dschungelwandern
Praxis
Survival-Handbuch Natur-Katastrophen
Praxis
Sicherheit im und auf dem Meer
Praxis
Schutz vor Gewalt und Kriminalität unterwegs

Sichere Orientierung im Freien

Ob beim Spaziergang im nahen Wald oder auf Outdoor-Expedition – ohne Orientierung hört der Freizeitspaß auf. In der Praxis-Reihe sind deshalb einige Titel zum Thema Orientierung mit Karte, Kompaß und GPS erschienen, die sowohl Basiswissen für Anfänger als auch erprobte Tipps für Fortgeschrittene bereithalten:

Wolfram Schwieder
Richtig Kartenlesen
ISBN 3-89416-753-X

Rainer Höh
Orientierung mit Kompass und GPS
ISBN 3-89416-755-6

Rainer Höh
GPS Outdoor-Navigation
ISBN 3-89416-762-9

Jeder Titel:
160 Seiten, robuste Fadenheftung,
Taschenformat 10,5 x 17 cm,
Register und Griffmarken

Reise Know-How Verlag
Peter Rump GmbH, Bielefeld

MEDIZINISCHE HILFE UNTERWEGS

David Werner

Wo es keinen Arzt gibt

- **Medizinisches Grundwissen für Reisen in die Dritte Welt**
- **Diagnose und Behandlung:** Tropen-, Haut- und Augenkrankheiten, Zahnprobleme, Erkrankungen von Blase, Genitalien usw.
- **Erste Hilfe:** Was tun bei Fieber, Schock, Ohnmacht, Unfällen, Hitzeschäden? Behandlung von Wunden, Knochenbrüchen, Verrenkungen, Vergiftungen, Bissen, Transport von Verletzten
- **Anhang für Fernreisende:** Impfkalender, Adressen der Tropeninstitute, Reiseapotheke, Malariaresistenzliste
- 360 Seiten, ISBN 3-89416-035-7

Armin Wirth

Erste Hilfe unterwegs

Effektiv und praxisnah

- **Grundlagen der Ersten und Zweiten Hilfe** speziell für Reisende, Outdoorsportler und Expeditionen
- Tips zur **Vorbereitung** auf die Reise und zur **Prävention** von Unfällen
- **Übersichtliche Diagnoseschemata** zum schnellen Erkennen der Schädigung oder Krankheit
- Vorgehensweise für **alle häufigen und bedrohlichen Schädigungen und Krankheiten** von Angina Pectoris über Erfrierungen, Wärmeprobleme und Höhenkrankheit bis Zyanose
- 336 Seiten, ISBN 3-89416-689-4

REISE KNOW-HOW Verlag Peter Rump GmbH, Bielefeld

Reise Know-How Bücher werden von Autoren geschrieben, die Freude am Reisen haben und viel persönliche Erfahrung einbringen. Sie helfen dem Leser die eigene Reise bewusst zu gestalten und zu genießen. Wichtig ist uns, dass der Inhalt nicht nur im reisepraktischen Teil „Hand und Fuß“ hat, sondern dass er in angemessener Weise auf Land und Leute eingeht. Die Reihe **Reise Know-How** soll dazu beitragen, Menschen anderer Kulturkreise näher zu kommen, ihre Eigenarten und ihre Probleme besser zu verstehen. Wir achten darauf, dass jeder einzelne Band gemeinsam gesetzten Qualitätsmerkmalen entspricht. Um in einer Welt rascher Veränderungen laufend aktualisieren zu können, drucken wir bewusst kleinere Auflagen.

Rad & Bike:
Reise Know-How Rad & Bike sind Radführer von lohnenswerten Reiseländern bzw. Radreise-Stories von außergewöhnlichen Radtouren durch außereuropäische Länder und Kontinente. Die Autoren sind entweder bekannte Biketouren-Profis oder „Newcomer“, die mit ihrem Bike in kaum bekannte Länder und Regionen vorstießen. Wer immer eine Fern-Biketour plant - oder nur davon träumt – kommt an unseren Rad & Bike-Bänden nicht vorbei!

Deutschland

Hauptstadt Berlin mit Potsdam
ISBN 3-89416-688-6
Insel Amrum
ISBN 3-89416-720-3
Insel Borkum
ISBN 3-89416-632-0
Insel Fehmarn
ISBN 3-89416-683-5
Insel Föhr
ISBN 3-89416-721-1
Harz/Ost
ISBN 3-89416-228-7
Harz/West
ISBN 3-89416-227-9
Insel Langeoog
ISBN 3-89416-684-3
Mecklenburg/Brandenburg Wasserwandern
ISBN 3-89416-221-x
Mecklenburg/Vorpommern Binnenland
ISBN 3-89416-615-0
München
ISBN 3-89416-672-x
Norderney
ISBN 3-89416-652-5
Nordfriesische Inseln
ISBN 3-89416-601-0
Nordseeinseln
ISBN 3-89416-197-3
Nordseeküste Niedersachsens
ISBN 3-89416-603-7
Ostdeutschland individuell
ISBN 3-89662-480-6
Ostfriesische Inseln
ISBN 3-89416-602-9
Ostseeküste/Mecklenburg-Vorpom.
ISBN 3-89416-184-1
Ostseeküste Schleswig-Holstein
ISBN 3-89416-631-2
Rügen und Hiddensee
ISBN 3-89416-654-1
Sächsische Schweiz
ISBN 3-89416-630-4
Schwarzwald
ISBN 3-89416-611-8
Schwarzwald/Nord
ISBN 3-89416-837-4
Schwarzwald/Süd
ISBN 3-89416-650-9
Insel Sylt
ISBN 3-89416-682-7
Thüringer Wald
ISBN 3-89416-651-7
Usedom
ISBN 3-89416-691-6

Europa

Amsterdam
ISBN 3-89416-677-0
Andalusien
ISBN 3-89416-679-7
Bretagne
ISBN 3-89416-175-2
Budapest
ISBN 3-89416-660-6
Bulgarien
ISBN 3-89416-220-1
Costa Brava
ISBN 3-89416-737-8
Costa del Sol
ISBN 3-89416-723-8
Dänemarks Nordseeküste
ISBN 3-89416-634-7
England, der Süden
ISBN 3-89416-676-2
Europa Bike-Buch (Rad & Bike)
ISBN 3-89662-300-1
Gardasee
ISBN 3-89416-729-7
Gran Canaria
ISBN 3-89416-835-8
Großbritannien
ISBN 3-89416-617-7
Hollands Nordseeinseln
ISBN 3-89416-619-3
Irland-Handbuch
ISBN 3-89416-636-3
Island
ISBN 3-89662-035-5
Kärnten
ISBN 3-89662-105-x
Krakau/Warschau
ISBN 3-89416-209-0
Kreta
ISBN 3-89416-739-4
Litauen & Kaliningrad
ISBN 3-89416-169-8
Das Tal der Loire
ISBN 3-89416-681-9
London
ISBN 3-89416-673-8
Madeira
ISBN 3-89416-722-x
Madrid
ISBN 3-89416-731-9
Mallorca
ISBN 3-89662-166-1
Mallorca für Eltern und Kinder
ISBN 3-89662-158-0
Mallorca, Reif für
ISBN 3-89662-168-8

Europa

Mallorca, Wandern auf
ISBN 3-89662-162-9
Malta
ISBN 3-89416-659-2
Nördliche Sporaden
ISBN 3-86-725-4
Nordspanien und der Jakobsweg
ISBN 3-89416-678-9
Nordtirol
ISBN 3-89662-107-6
Oxford
ISBN 3-89416-211-2
Paris
ISBN 3-89416-667-3
Polens Norden Ostseeküste/Masuren
ISBN 3-89416-613-4
Prag
ISBN 3-89416-690-8
Provence
ISBN 3-89416-609-6
Pyrenäen
ISBN 3-89416-692-4
Rhodos
ISBN 3-89416-724-6
Rom
ISBN 3-89416-670-3
Salzburger Land - Salzkammergut
ISBN 3-89662-109-2
Sardinien
ISBN 3-89416-727-0
Schottland-Handbuch
ISBN 3-89416-621-5
Sizilien - Liparische Inseln
ISBN 3-89416-627-4
Skandinavien - der Norden
ISBN 3-89416-653-3
Südnorwegen/Lofoten
ISBN 3-89416-726-2
Toscana
ISBN 3-89416-664-9
Tschechien
ISBN 3-89416-600-2
Umbrien
ISBN 3-89416-728-9
Wien
ISBN 3-89416-697-5

Afrika

Agadir, Marrakesch und der Süden Marokkos
ISBN 3-89662-069-x
Ägypten individuell
ISBN 3-89662-471-7
Äthiopien
ISBN 3-89662-043-6
Botswana
ISBN 3-89416-730-0
Bikeabenteuer Afrika (Rad & Bike)
ISBN 3-929920-15-8
Durch Afrika
ISBN 3-89662-011-8
Kairo, Luxor, Assuan
ISBN 3-89662-460-1
Kamerun
ISBN 3-89662-032-0
Kenia
ISBN 3-89416-732-7
Libyen
ISBN 3-89662-005-3
Madagaskar, Seychellen, Mauritius, Réunion, Komoren
ISBN 3-89662-062-2
Marokko
ISBN 3-89662-081-9
Namibia
ISBN 3-89662-321-4
Simbabwe
ISBN 3-89662-026-6
Südafrika
ISBN 3-89662-340-0
Tansania Handbuch
ISBN 3-89416-812-9
Tunesien
ISBN 3-89662-074-6
Tunesiens Küste
ISBN 3-89662-076-2
Westafrika - Küstenländer
ISBN 3-89662-002-9
Westafrika - Sahel
ISBN 3-89662-001-0

Amerika

Argentinien/Urug./Parag.
ISBN 3-89662-051-7
Atlanta & New Orleans
ISBN 3-89416-230-9
Barbados, St. Lucia ...
ISBN 3-89416-736-x
Canada Ost/USA Nord-Osten
ISBN 3-89662-151-3
Canadas Westen mit Alaska
ISBN 3-89662-157-2
Chile & Osterinseln
ISBN 3-89662-054-1
Costa Rica
ISBN 3-89416-641-x
Dominikanische Republik
ISBN 3-89416-643-6
Ecuador/Galapagos
ISBN 3-89662-055-x
Guatemala
ISBN 3-89416-695-9
Hawaii
ISBN 3-89416-696-7
Honduras
ISBN 3-89416-666-5
Lateinamerika BikeBuch
ISBN 3-89662-302-8
Mexiko
ISBN 3-89662-310-9
New Orleans
ISBN 3-89416-686-x
New York City
ISBN 3-89416-687-8
Panama
ISBN 3-89416-671-1
Peru/Bolivien
ISBN 3-89662-331-1
Radabenteuer Panamericana (Rad & Bike)
ISBN 3-929920-13-1
San Francisco
ISBN 3-89416-735-1
St. Lucia, St. Vincent, Grenada
ISBN 3-89416-642-8
Trinidad und Tobago
ISBN 3-89416-638-x
USA/Canada
ISBN 3-89662-170-x
USA/Canada Bikebuch (Rad & Bike)
ISBN 3-929920-17-4

Amerika

USA mit Flugzeug und Mietwagen
ISBN 3-89662-150-5
USA, Gastschüler in den
ISBN 3-89662-163-7
USA für Sportfans
ISBN 3-89416-633-9
USA - Südwest; Natur- und Wanderführer
ISBN 3-89662-169-6
USA-Westen
ISBN 3-89662-165-3
Venezuela
ISBN 3-89662-040-1

Asien

Auf nach Asien (Rad & Bike)
ISBN 3-89662-301-x
Bali & Lombok mit Java
ISBN 3-89416-645-2
Bali: Ein Paradies wird erfunden
ISBN 3-89416-618-5
Bangkok
ISBN 3-89416-655-x
China Manual
ISBN 3-89416-626-6
China, der Norden
ISBN 3-89416-229-5
Chinas Osten mit Beijing und Shanghai
ISBN 3-89416-680-0
Emirat Dubai
ISBN 3-89662-094-0
Hongkong, Macau und Kanton
ISBN 3-89416-235-x
Indien, der Norden
ISBN 3-89416-738-6
Israel, palästinensische Gebiete, Ostsinai
ISBN 3-89662-451-2
Jemen
ISBN 3-89662-009-6
Jordanien
ISBN 3-89662-452-0
Kambodscha
ISBN 3-89416-233-3
Komodo/Flores/Sumbawa
ISBN 3-89416-060-8
Ladakh und Zanskar
ISBN 3-89416-698-3

Asien

Laos
ISBN 3-89416-637-1
Libanon
ISBN 3-89662-087-8
Malaysia mit Singapur und Brunei
ISBN 3-89416-640-1
Mongolei
ISBN 3-89416-217-1
Myanmar (Burma)
ISBN 3-89662-600-0
Nepal-Handbuch
ISBN 3-89416-836-1
Oman
ISBN 3-89662-100-9
Phuket (Thailand)
ISBN 3-89416-182-5
Rajasthan
ISBN 3-89416-616-9
Singapur
ISBN 3-89416-740-8
Sri Lanka
ISBN 3-89416-170-1
Sulawesi (Celebes)
ISBN 3-89416-635-5
Taiwan
ISBN 3-89416-693-2
Thailand Handbuch
ISBN 3-89416-741-6
Thailand: Tauch- und Strandführer
ISBN 3-89416-622-3
Thailands Süden mit Bangkok
ISBN 3-89416-662-2
Tokyo
ISBN 3-89416-206-6
Vereinigte Arabische Emirate
ISBN 3-89662-022-3
Vietnam-Handbuch
ISBN 3-89416-838-2

Edition RKH

Geschichten aus dem anderen Mallorca
ISBN 3-89662-171-8
Die goldene Insel
ISBN 3-89662-173-4
Mallorquinische Reise
ISBN 3-89662-172-6
Please wait to be seated
ISBN 3-89662-164-5

Welt

Abenteuer Weltumradlung (Rad & Bike)
ISBN 3-929920-19-0
Äqua-Tour (Rad & Bike)
ISBN 3-929920-12-3
Erste Hilfe unterwegs
ISBN 3-89416-689-4
Der Kreuzfahrtführer
ISBN 3-89416-663-0
Outdoor-Praxis
ISBN 3-89416-629-0
Die Welt im Sucher
ISBN 3-9800975-2-8
Wo es keinen Arzt gibt
ISBN 3-89416-035-7

Praxis

Dschungelwandern
ISBN 3-89416-759-9
Fliegen ohne Angst
ISBN 3-89416-754-8
Kanu-Handbuch
ISBN 3-89416-725-1
Orientierung mit Kompass und GPS
ISBN 3-89416-755-6
Richtig Kartenlesen
ISBN 3-89416-753-x
Schutz vor Gewalt und Kriminalität
ISBN 3-89416-756-4
Sicherheit im/auf dem Meer
ISBN 3-89416-758-0
Survival-Handbuch Naturkatastrophen
ISBN 3-89416-757-2
Tauchen in warmen Gewässern
ISBN 3-89416-760-2
Wildnis-Ausrüstung
ISBN 3-89416-750-5
Wildnis-Küche
ISBN 3-89416-751-3

Outdoor-Praxis

Alles über Ausrüstung, Leben und Überleben in der Wildnis zu jeder Jahreszeit

Alle überlebenswichtigen Informationen komplett in einem Buch:

- ***Ausrüstung:*** das komplette Equipment von Bekleidung über Rucksack, Schlafsack und Zelt bis zur Kochausrüstung und sonstigem Zubehör. Tabellen geben einen raschen Überblick, was für welchen Zweck geeignet ist. Detaillierte Checklisten fürs Packen fehlen nicht.
- ***Proviant:*** Nahrungsbedarf, Grundnahrungsmittel für Outdoorzwecke, Herstellung von Trockennahrung und Energierationen, detaillierte Proviantliste.
- ***Leben in der Wildnis:*** Flußdurchquerung, Floßbau, Wintertips, Orientierung, Wetter, Camp einrichten, Wintercamping, Knotenkunde, Feuermachen bis hin zum Kochen und Brotbacken, mit vielen Rezepten.
- ***Gefahren:*** Unterkühlung, Erfrierungen, Lawinengefahr, Schneeblindheit, Höhenkrankheit, Blitzschlag und richtiges Verhalten in Bärengebieten.
- ***Survival:*** Verirrt, Feuer, Wetterschutz, Wasser, Nahrung aus der Natur und Notsignale.

Rainer Höh: ***Outdoor-Praxis,*** 408 Seiten, über 200 erklärende Zeichnungen und viele Fotos, Fadenheftung, 406 Gramm, ISBN 3-89416-629-0

REISE KNOW-HOW Verlag Peter Rump GmbH, Bielefeld

Anhang

Register

Anhang

Der Autor

Rainer Höh, geboren 1955 in einem kleinen Dorf auf der Schwäbischen Alb, ist unter Outdoor-Freunden kein Unbekannter. Nicht wegen spektakulärer Unternehmungen. Nein, spektakuläre Extremleistungen waren nie seine Sache. Ihm ging es immer mehr um das Draußensein und das Naturerlebnis. Dass er dabei immer wieder einmal auch mit extremeren Verhältnissen fertig werden musste, lag in der Natur der Sache, war aber nie Selbstzweck.

Schon während der Schulzeit zog es ihn zu ausgedehnten Wanderungen nach Lappland. Danach folgten Schneeschuh-Touren in Mitteleuropa und Nord-Skandinavien, dann Winterunternehmungen Wanderungen, Kanutouren und Floßreisen in Kanada und Alaska sowie Hundeschlitten-Touren. An einem Nebenfluß des Yukon nahe der alaskanischen Grenze baute er 1979 eine Blockhütte, in der er als Einsiedler hauste, bis der Grizzly kam. Danach begann er die Erfahrungen seiner Wildnisreisen in Buchform zusammenzufassen. Zunächst erschienen die Sachbücher „Survival", „Rucksack-Küche" und „Winterwandern" (das mit dem vorliegenden Buch in aktualisierter und ergänzter Form neu erscheint), dann Reiseberichte, Reiseführer, Bildbände u.a. Er gründete ein Reiseunternehmen für Nordlandtouren und führte einige Jahre lang Gruppen auf Wildnistouren in Kanada und Alaska.

Heute lebt er mit Frau und drei Kindern wieder auf der Schwaben-Alb und arbeitet als Reisejournalist, Fotograf, Übersetzer und Buchautor. Und in seinem Garten hat er – als echter Schwabe – inzwischen wieder ein „Blockhäusle" gebaut.